人間関係形成能力を育てる

学級経営
365日
ガイドブック 4年

赤坂真二 著
深井正道

明治図書

シリーズ発刊に寄せて

　これは学級づくりのマニュアル本でも教室の人間関係づくりのハウトゥ本でもありません。子どもの人間関係形成能力を育成するためのガイドブックです。

　今なぜ人間関係形成能力なのでしょうか。人間関係形成能力は，人とのつながりや信頼関係を構築する能力のことといわれます。コロナ禍で一般社会では，テレワークが導入される中で，これまで以上に人と人のコミュニケーション不足や，コミュニケーションの取り方について考えさせられた人たちが多くいたことでしょう。それは学校現場でも同じだったのではないでしょうか。

　人間関係形成能力は，学習指導要領が改訂されて，対話，協働と盛んにいわれるようになって注目の度合いが増しました。多様な他者の考えや立場を理解し，相手の意見を聴いて自分の考えを正確に伝えることができるとともに，自分の置かれている状況を受け止め，役割を果たしつつ他者と協力・協働して社会に参画し，今後の社会を積極的に形成することができる，こうした能力が社会で求められるようになってきているからです。

　優秀なビジネスパーソンの共通点として，対人関係能力，人間関係構築力が優れていることも挙げられます。良好な人間関係を築くことでビジネスもうまくいきます。現代はチーム力の時代といわれます。人間関係が良好であればコミュニケーションが活発となり，情報も多く共有できるでしょう。ビジネスパーソンと表現すると，大手企業のエリート社員のことだと誤解されるかもしれませんが，広く会社員，個人事業主，フリーランスの方々を含みます。ビジネスに関わる方々が口を揃えて言うことは，「仕事はご縁でやってくる」ということです。

クライアントや顧客との信頼関係を築くためにも，人間関係形成能力が活かされます。彼らの状況を良く理解して話を聞くことができれば，相手のニーズに合わせることができるでしょう。困った時などにもきちんと対応することができ，信頼性が高まります。信頼関係を築くことで，彼らと深く継続的につながることができ，多くのクライアントや顧客を得ることができるようにもなるでしょう。

　もちろん，子どもたち全てがビジネスパーソンになるわけではありませんが，豊かな人間関係が幸せをもたらすことに対して疑念を抱く人はそう多くはないのではないでしょうか。豊かな人間関係を築く力は，生きる力であり，私たちが幸せになるための必須条件と言えるでしょう。愛する子どもたちの幸せになる力の育成に寄与できるだけでなく，本シリーズにはもう一つ大きなメリットがあります。

　人間関係形成能力は，単なるつながるスキルを身に付ければいいというものではありません。愛を伝えるスキルを学んでも，そこに愛がなかったら愛は伝わりません。同様に，スキルをホンモノにするためには，根底の考え方が伴っていることが必要です。本シリーズには，なぜそれをすると人間関係形成能力が身に付くのかという基本的な考え方も示されています。それを知ることで，指導する教師自身も幸せな生き方を学ぶことができます。

　だから，「私，ちょっと人間関係苦手かも」と感じている方こそ，手にとって実践することで，子どもたちと共につながり上手になっていくことができるでしょう。だからこその365日なのです。人間関係形成能力は1日にしてならず，なのです。本シリーズを小脇に抱えて，試行錯誤を繰り返してみてください。きっと，本シリーズは心強い学級経営の伴走者になってくれるはずです。

　クラスの安定は，子どもたちのつながりの質と量によって決まります。他者とつながる力を付けた子どもが増えれば増えるほど，学級は安定するので

す。しかし，クラスには，様々な事情で人とつながるのが苦手な子がいます。いいのです。みんなみんな同じ能力をもつ必要はありません。また，教師がしゃかりきになって，その子と他の子をつなげようとしなくてもかまいません。つながる力をもつ子が多くなれば，誰かがつながってくれます。教師はその様子を見付けて，にっこり微笑んで喜ぶことで，子どもたちはつながることの価値を学ぶことでしょう。

　そうした意味で，本シリーズはこれまでの，教師が子どもをつなげてまとめようとするクラスづくりから，子どもたちのつながる力を育てることによって学びやすく居心地のいいクラスづくりへと発想の転換を促す「挑戦の書」でもあります。

　本シリーズは3章構成になっています。第1章は，日本人の幸福感とつながりの関係を国際調査の結果等を踏まえながら，人間関係形成能力の育成の必要性を考察します。驚くようなというか日本人として心配になるような結果が示されています。第2章は，各学年を担当する執筆者たちの人間関係形成能力をどう捉え，どのように育成していくのかという基本的な考え方が示されています。第3章は，その考え方に基づく1年間にわたる実践です。すぐに実践編を読みたくなると思います。とても力強い実践群です。しかし，それを本質的に理解するためには，第2章を必ずお読みいただければと思います。

　各学年を担当するのは，1年生，北森恵氏，2年生，岡田順子氏，3年生，松下崇氏，4年生，深井正道氏，5年生，宇野弘恵氏，6年生，髙橋朋彦氏です。勉強なさっている方なら，彼らのお名前をどこかでお聞きになったことがあるのではないでしょうか。お気付きになっている方もいるかもしれませんが，2022年3月に発刊した『個別最適な学び×協働的な学びを実現する学級経営』の執筆メンバーです。この書籍は，私がメンバーにインタビューし，それをまとめたものですが，頁数の関係でかなりの内容を泣く泣くカッ

トしました。そこでぜひ，この素晴らしい実践を，時系列で年間を通じた形でお伝えしたいと思い本シリーズが実現しました。

　北森恵氏は，これまで多くの崩壊したクラスを立て直してきました。現在の勤務校では，UDL（Universal Design for Learning）を実践し，校内を巻きこんで個別最適な学びと協働的な学びの実現に尽力中です。

　岡田順子氏は，大学院で協同学習における対人技能学習の効果を研究しました。前任校の新潟大学附属長岡小学校勤務時には，いくつもの学級経営の講座を担当し，学級経営に関する情報発信をしてきました。

　松下崇氏は，若い頃から教育サークルを立ち上げ，仲間と共に力量を高めることに邁進してきました。なかなか共有の難しい自治的集団の育成ですが，長年の探究に基づく発信で注目されています。

　深井正道氏は，30代前半で都心部の学校の研究主任に抜擢され，学級活動と教科指導を連動させた独自の研究を進めてきました。保護者，地域を巻きこみ子どもの自尊感情を高めた研究は高く評価されました。

　宇野弘恵氏は，数多くの書を発刊しているので多くの方がお名前をご存知でしょう。ご自身では感覚的と言いますが，その実に緻密で周到な学級経営，授業づくりは，著書の読者や講座の参加者を唸らせています。

　髙橋朋彦氏も，明治図書の『ちょこっと』シリーズや算数の指導に関する書籍でよく知られています。明快な文章で繰り出される本質を突いた提言は，これまで積み重ねてきた圧倒的な勉強量を感じさせます。

　原稿執筆段階では，SNS で執筆者グループを作り，原稿がアップされる度に拝読していました。どれもこれも濃密かつ秀逸で，一刻も早く皆さんにお届けしたいと思うものばかりでした。是非，本シリーズを活用され，子どもたちの人間関係形成能力の育成に役立てていただきたいと思っております。

2024年3月　赤坂真二

まえがき

「人間関係をつくる力が弱くなったよね。」

　教員の仲間と話していると，上記のような言葉が出てきます。それは，多くの教室において，次のような対人関係の問題が見られるからです。

・度を越えた，からかいや悪ふざけをする。
・自分のことばかり優先させ，他者の気持ちや集団のことを配慮しない。
・一部の子ども達で固まって，それ以外の子どもを仲間はずれにする。

　こう考えると，子ども達の「つながる力」は弱まったように見えます。しかし，子ども達の中には，つながりを求める行動も見られます。SNS やオンラインゲームなどを通して，自分と似た他者とつながろうとする姿です。
　つまり，多くの人がもつ「つながる力」は，自分と同質性が高い他者とは強くなり，自分と異質な他者とは弱くなるということです。「出る杭は打たれる」「先生の期待することを言う」という旧来の日本の学校文化では，当たり前の傾向かもしれません。
　しかし，これからの多様性社会を生き抜くためには，主体的に，柔軟に他者とつながり，新しい道を開拓していく力が必要ではないでしょうか。なぜなら，人生のあらゆる場面で自分と異質な他者に出会うからです。むしろ，違いを強みに変えていけるような力が必要です。
　そのためには，日常から違いが大切にされ，自分の考えていることを素直に言える環境や，他者と関わって対立しながらも納得解を見つけられる経験

が必要です。その環境や経験が，他者意識を高め，「無関係な他者」を「関係ある他者」に変えていきます。そして，異質な他者ともつながることのできる力が引き出されるのではないでしょうか。

　本書では，そうした「つながる力を引き出す」ための環境や経験を生みだす実践を紹介しています。同じ実践をやるにしても，ある見方や考え方をもって取り組むのと，そうでないのとでは，結果が全然違ってくるはずです。

　各実践は，主に次のような構成で紹介しています。

（1）　こう考える
　その実践がどのようにつながる力を引き出すことになるのか，理論編で示した「つながる力を引き出す道筋」をもとに記しました。
（2）　やってみる
　具体的な手立てを紹介しました。また，手立てを生かすための教師の在り方や言葉がけなども紹介しました。
（3）　こうなった
　手立ての取り組み後に見られた「つながった」エピソードを紹介しました。子どもの言葉や振り返りなどから，イメージしていただければと思います。
まとめ
　手立てやエピソードなどをもとに，実践の要点や円滑に進めるための心がけなどを記しました。

　コラムを読んでいただければわかるように，私はたくさんの失敗をしてきました。それでも，ここまでなんとか教員を続けてこられたのは，多くの人に助けていただいたからです。
　この本を通じて，私も読者の皆様と見方や考え方を共有し，新たにつながることができたら嬉しいです。

深井正道

目　次

第1章　なぜ，いま「つながる力」か

第2章　「つながる力」とは何か？

第3章　人間関係形成能力を育てる学級経営365日　4年

1　春休み　信頼される教師になる準備

第1章

なぜ，
いま「つながる力」か

1 世界の中の日本人の幸福度

　国連機関である「持続可能な開発ソリューション・ネットワーク」（SDSN）は「World Happiness Report（世界幸福度報告書）」の2023年版を発表しました[1]。2012年から（2014年を除く）各国の約1000人に「最近の自分の生活にどれくらい満足しているか」を尋ね，0（完全に不満）から10（完全に満足）の11段階で答えてもらう方式で，国ごとの幸福度を測定しています。なお，この主観的判断には，以下の6つの項目が加味され，判断されます。

・1人当たり国内総生産（GDP）
・社会的支援の充実
・健康寿命
・人生の選択における自由度
・他者への寛容さ
・国への信頼度

　各年発表の数値は，過去3年間の数値の平均です。つまり，2023年のものは，2020〜2022年の3年間で，新型コロナウイルス感染症の影響が出た全期間の初めての調査結果となります。

　これによると，日本のスコアは6.129，順位は137カ国中47位。スコア，順位とも前年（6.039，146カ国中54位）からは改善しました。ただ，G7，主要7カ国では最下位という結果でした。一方，日本で学力調査等でしばしば比較対象とされるフィンランドは，今回の幸福度のスコアは7.804で，順位は6年間連続の1位でした。上位は欧州の国々が目立ち，北欧5カ国が7位までに入りました。

　この調査によると，日本のランキングは，60位から40位の間を推移してきました（2014年を除く）（図1）。失われた30年とも40年とも言われ，目に見える経済成長がなされない日本ですが，それでもGDPは高く，社会保障制

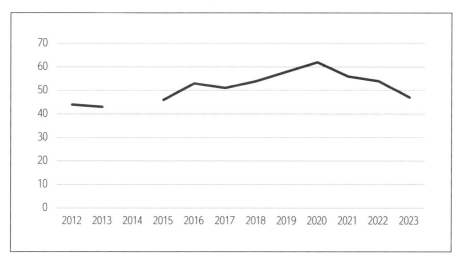

図1 「World Happiness Report（世界幸福度報告書）」における日本の順位の推移（筆者作成）

度も比較的充実しています。近年治安の悪化が指摘されてはいますが、まだまだ治安は良く、暮らしやすい環境が整っているといえます。「World Happiness Report（世界幸福度報告書）2022」では「１人当たり国内総生産（GDP）」「社会保障制度などの社会的支援の充実」「健康寿命」「人生の選択における自由度」の数値だけを見ると、日本は、ランキング上位国とさほど大きな差がありません。それにもかかわらず順位が上位にならない理由としては、「他者への寛容さ」と「国への信頼度」が低い点にあることが指摘されています。同報告書の2023年版でも「１人当たり国内総生産（GDP）」や「健康寿命」の高さの一方で「人生の選択における自由度」や「他者への寛容さ」の低さが指摘されています。

　健康寿命が長く、経済水準も低くない水準で充実しているこの日本で、私たちが幸福感を抱きにくい要因があるとしたらどのようなものなのでしょうか。

2 私たちの幸福度

　リクルートワークス研究所（2020ａ）が，日本・アメリカ・フランス・デンマーク・中国で働く2500名を対象に，個人と企業における人間関係の有り様について調査した「５カ国リレーション調査」というものがあります[2]。ここでは，幸福感と社会的関係つまり，つながりについて様々な角度から調べ，国際的な比較を試みています。図２は，この調査における「現在，幸せである」との問いに対する回答です。

　日本と他国を比べてわかるのは，「非常にそう思う」「そう思う」の割合の低さです。他国が，幸せの実感に対して肯定的に答えている割合が８割近くあるのに対して，日本は，５割を切っています。私たちの国では，「幸福である」といえる人は，半分もいないということになります。

　また，図３は，「これからの人生やキャリアを前向きに切り開いていける」

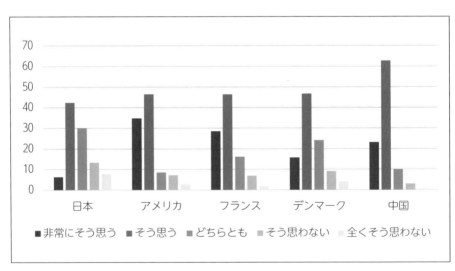

図２　「現在，幸せである」に回答した割合
（リクルートワークス研究所，2020ａをもとに筆者作成）

との問いに対する回答です。これも「非常にそう思う」「そう思う」の割合が3割程度で，他国の8割程度と比較して少ないことがわかります。今後，変化の速さも大きさも増大することが予想されているこれからの時代，ある日突然仕事を辞めるようなことになったり，転職することになったりすることが予想されます。自らの力で，キャリアを創っていく姿勢が求められる状況ですが，他国に比べて日本は，そうしたことに対する見通しや自信が，もてていない状況がうかがえます。

　さらに，図4は，「突然会社を辞めることになっても，希望の仕事につける」との問いに対する回答です。やはり，これも「非常にそう思う」「そう思う」の割合が2割程度で，他国の5割〜8割程が肯定的に回答しているのに比べて，その割合が少ないことがわかります。これには単なる私たちのマインドの問題だけでなく，社会的な仕組みや環境も影響していることでしょう。日本は，長く終身雇用制度を取り入れてきたことや，「一を以て之を貫く」のような価値観があって，勤め先を転々とすることはあまりよくないの

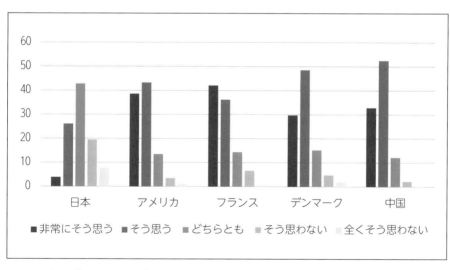

図3　「これからの人生やキャリアを前向きに切り開いていける」に対する割合
（リクルートワークス研究所，2020aをもとに筆者作成）

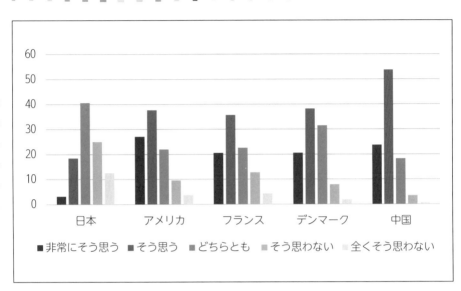

図4 「突然会社を辞めることになっても，希望の仕事につける」に対する割合
（リクルートワークス研究所，2020 a をもとに筆者作成）

ではないか，という風潮も影響していると思いますが，変化が激しく流動的なこの時代を生きる人のマインドとしては心許なさを感じる人もいるでしょう。

　これらの結果から，日本人は，幸福であると自覚している人が2人に1人程度で，これからのキャリアを自分で切り開いていける自信や今勤めている会社を突然辞めることになっても自分の希望の仕事につくことができるという見通しをもっている人たちの割合が，他国に比べて少ないことが見えてきます。

　リクルートワークス研究所（2020ｂ）が「5カ国リレーション調査」に基づき，提言をまとめた「マルチリレーション社会―多様なつながりを尊重し，関係性の質を重視する社会―」では，図5，図6のようなデータを示し，次のようなことを指摘しています。少し長いですが，重要な指摘だと思いますので，そのまま引用させていただきます（図5は，つながりの多さによる幸

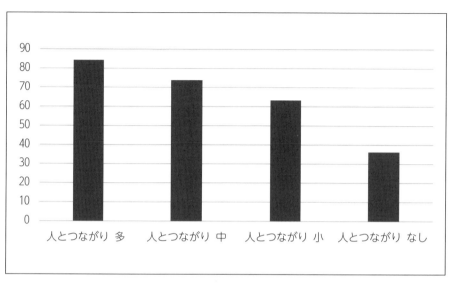

図5　つながりの度合い別の幸福を感じている割合
（リクルートワークス研究所，2020bをもとに筆者作成）

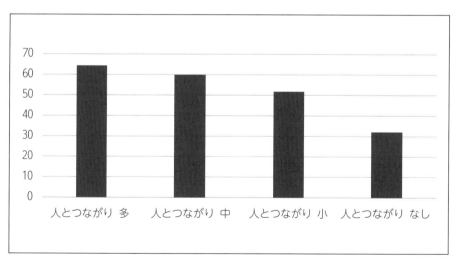

図6　つながりの多さ別の希望の仕事につける割合
（リクルートワークス研究所，2020bをもとに筆者作成）

福を感じる割合の違い，図6は，つながりの多さによる仕事を辞めることになったときに，希望の仕事につけるという見通しや自信をもっている割合の違いを表しています）。「人が生きていく上で，『幸福感』や『希望の仕事につける』という感覚はとても大切です。わたしたちが行った国際調査からは，交流のある人間関係を持っていない『人とのつながりなし』の場合，幸福を感じる割合が36.3％に留まるのに対し，交流のある人間関係の種類が多く，さらにその人間関係を通じて活力や挑戦の後押しを得ている『人とのつながり 多』の場合は84.3％に高まることが分かりました。実に48％ポイントもの差が生まれています」[3]

　データを見ればわかるように，もっているつながりが多い方が，より幸福感を感じ，突然今の仕事を辞めることになっても，より希望する仕事につけるという実感をもつ割合が増すことがわかります。さらに注目したいことは，つながりの「多い」，「中」，「少ない」の各程度間で比較するとその差は10％程度なのに対して，「つながりなし」と答えている人たちは，もっとも数値の近い「つながり小」と答えている人たちと比較しても20％近く差があることです。つながりが「ある」と答えている人たちと「ない」と答えている人たちでは，随分世の中の見え方が異なり，また，生きづらさも違っているのではないかと思われます。

3　日本人のつながり方

　この提言書からは，日本人の独特のつながり方が見えてきます。「５カ国リレーション調査」では，「交流のある人間関係」を「つながり」としていますが，具体的には以下の14のつながりを指します。

・家族・パートナー

・親戚

・社会人になる前の友達

・一緒に学んだ仲間

・趣味やスポーツの仲間

・地域やボランティアの仲間

・勤務先の経営者

・勤務先の上司

・勤務先の同僚

・勤務先の部下

・社外の仕事関係者

・以前の仕事仲間

・労働組合

・政治家

　交流の様子が複数回答で示されていますが，どの国でも「家族・パートナー」（約70～89％）「勤務先の同僚」（約65～77％）は，選択される割合が高く，人間関係の2本柱となっています。特に日本は，「家族・パートナー」が88.6％と高く，家族が社会関係の基盤になっている国であることがわかります。また，職場の人間関係は，「勤務先の同僚」だけでなく「勤務先の上司」「勤務先の経営者」「社外の仕事関係者」「以前の仕事仲間」と幅広く想定されていて，「勤務先の同僚」や「勤務先の上司」の割合の高さは5カ国で大きな差がありませんが，「勤務先の経営者」「社外の仕事関係者」「以前の仕事仲間」になると，日本におけるそれらの割合の低さが目立っています。日本は，人材の流動性が低いためでしょうか，仕事の人間関係が社内に閉じてしまっているといえそうです（前掲）[4]。

4 「閉じた乏しい人間関係の」国，日本

　また，どの国でも高い傾向にあるものとして，「社会人になる前の友達」の割合が挙げられており，日本でも6割を超えています。友人の存在の大切

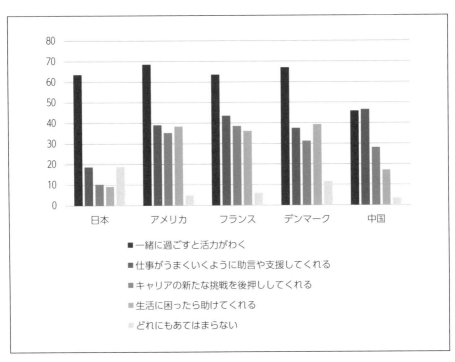

図7　社会人になる前の友達との付き合い方
（リクルートワークス研究所，2020 b をもとに筆者作成）

さは言うまでもありませんが，「一緒に学んだ仲間」「趣味やスポーツの仲間」「地域やボランティアの仲間」など，家族や仕事を離れたつながりの割合は，日本は他国に比べてかなり低くなっており，社会に出た後，人間関係が広がっていないことがうかがえます。

　では，「社会人になる前の友達」とどのようなつながり方をしているのでしょうか。学校教育段階で子どもたちがどのようなつながりをしているのか，学校関係者としては気になるところではないでしょうか。同調査では，つながり方を「一緒に過ごすと活力がわく」「仕事がうまくいくように助言や支援してくれる」「キャリアの新たな挑戦を後押ししてくれる」「生活に困ったら助けてくれる」「どれにもあてはまらない」を視点に，それぞれの割合を

見ています（図7）。

　ここからわかることは，日本の社会人になる前の友達とのつながりは，アメリカ，フランス，デンマークと同様に共に過ごし活力を得るという性質のものであることです。しかし，一方，「仕事がうまくいくように助言や支援してくれる」「キャリアの新たな挑戦を後押ししてくれる」「生活に困ったら助けてくれる」といった生活支援的なかかわりが低くなっています。

　私たち日本人の社会人になる前の友達とのつながり方は，一緒に過ごして楽しい気分を味わったり，それによって活力を得たりしているようですが，仕事やこれからの人生にかかわることの相談をしたり，生活に関する援助を求めたりするような間柄ではないようです。

　こうした日本人の他者とのつながり方を見ると，社会人になる前の友達とは，一緒に楽しく過ごすことはしても，人に悩みを打ち明けたり，助けを求めたりしたりはしないようです。また，社会人になってからは，その付き合いは，家族と勤務先の同僚に狭まり，とりわけ，家族の比重が高いつながりの中で生活をしているといえます。これらの調査結果から，日本人のつながりは，家族中心で，それ以外の人たちには**「閉じた」乏しい人間関係の有様**が見えてきます。

　日本社会は，よく「失敗ができない社会」とか「やり直しが利かない社会」とか言われますが，一緒に楽しむ仲間はいるけど，キャリア支援や生活支援を相談したり要請したりできる仲間がいないという日本独特とも見られる人々のつながり方にその一因があるのかもしれません。また，日本人にとってつながりの中心にある家族や職場も安定しているものとはいえません。

　少子高齢化の中で，生涯未婚率も上昇しています。結婚していること，子どもがいること，つまり家族がいることが前提の社会が崩れようとしています。また，企業の平均寿命が，20年と少しと言われる今，これはどんどん短くなることでしょう。終身雇用はほぼ崩壊し，短いサイクルで職を変えなくてはならない世の中になっています。また，日本人がつながりにおいて，頼みの綱とする家族も同僚も今や，とても危ういものになっているわけです。

これらのデータからわかるように，人はつながりがある方が幸福感は高くなります。また，ポジティブな状態をひけらかすことを嫌う日本の風土をいくらか差し引いても，日本人の幸福感が他国と比べて低いのは，つながりが家族や同僚など一部に限られていることが影響していそうです。さらに，学業とともに社会や世間を学ぶ学生の頃に築いていた人間関係は，相談，助け合いなどのソーシャルサポートとは異なる，楽しむことを中心としたレジャー的でイベント的なつながりであることがわかります。社会人になってから，ハプニングやトラブルの当事者になると，誰にも相談できずに路頭に迷う人が多くなるのは，人からの助けを求める，人を助けるなどのソーシャルサポートにかかわる経験値が足りないからなのではないでしょうか。

5 人間関係形成能力と学習指導要領

　このように人にとってつながりとは，幸福感やキャリア形成に関わる，生きる力というよりも生きることに直結することがわかりますが，学習指導要領において，つながりをつくる力の育成について述べられたのはそんなに以前のことではありません。

　平成20年改訂の小・中学校学習指導要領の特別活動の目標において，「人間関係の形成」について記載されました。小学校では次のように書かれています。「望ましい集団活動を通して，心身の調和のとれた発達と個性の伸長を図り，集団の一員としてよりよい生活や人間関係を築こうとする自主的，実践的な態度を育てるとともに，自己の生き方についての考えを深め，自己を生かす能力を養う」。なぜ，人間関係の重視が叫ばれるようになったのでしょうか。当時の学習指導要領の指針となった答申には次のようなことが指摘されています[5]。

「・学校段階の接続の問題としては，小１プロブレム，中１ギャップなど集団への適応にかかわる問題が指摘されている。

・情報化，都市化，少子高齢化などの社会状況の変化を背景に，生活体験の不足や人間関係の希薄化，集団のために働く意欲や生活上の諸問題を話し合って解決する力の不足，規範意識の低下などが顕著になっており，好ましい人間関係を築けないことや，望ましい集団活動を通した社会性の育成が不十分な状況も見られる。」

　ここには，社会の変化の影響を受け，子どもの人間関係の希薄化や集団への貢献意識や，協働による問題解決能力の低下などの問題が指摘されています。これまで人間関係の形成を目標にしてこなかった学習指導要領が，それを目標に据えたのは，いじめ，不登校，日常化していく学級崩壊などの問題が看過できないものとして認識されたからに他なりません。

　当時の文部科学省で教科調査官をしていた杉田（2009）は，人間関係形成能力に関して次のような認識を示しています[6]。「人間関係の悩みは誰もがもっているものです。その意味で，人間関係形成能力は『性格』ではありません。人間関係を結ぶ力が性格だとしたら変えるのは非常に困難であり，『私には無理』という思いから，あきらめてしまう人が多くなるでしょう。人間関係形成能力も性格ではなくて学ぶことができる力，つまり『学力』なのです」[7]。

　国が学習指導要領に人間関係の形成に関して記載する前からも，学校現場の教師たちは，教師と児童生徒，そして児童生徒同士の良好な関係性の重要性を認識し，それを育成していたことでしょう。ここに来て，社会の変化，それに伴う児童生徒の実態に対応し，人間関係形成能力が学びの対象となったことがわかります。

　では，現行の学習指導要領では人間関係形成能力はどのように捉えられているのでしょうか。学習指導要領では，３つの資質・能力の育成がねらわれています。このことは読者の皆さんに「釈迦に説法」だとは思います。しかし，現場の先生とお話をしていると，この３つのことは知っているけど，中味まではよく知らないという方もいます。確認のために記載しておきます。

⑴知識及び技能が習得されるようにすること。
⑵思考力，判断力，表現力等を育成すること。
⑶学びに向かう力，人間性等を涵養すること。

　この３つ目の「学びに向かう力，人間性等」の中で，次のことが書かれています[8]。

> 「児童一人一人がよりよい社会や幸福な人生を切り拓いていくためには，主体的に学習に取り組む態度も含めた学びに向かう力や，自己の感情や行動を統制する力，よりよい生活や人間関係を自主的に形成する態度等が必要となる。これらは，自分の思考や行動を客観的に把握し認識する，いわゆる『メタ認知』に関わる力を含むものである。こうした力は，社会や生活の中で児童が様々な困難に直面する可能性を低くしたり，直面した困難への対処方法を見いだしたりできるようにすることにつながる重要な力である。また，多様性を尊重する態度や互いのよさを生かして協働する力，持続可能な社会づくりに向けた態度，リーダーシップやチームワーク，感性，優しさや思いやりなどの人間性等に関するものも幅広く含まれる。」

　前学習指導要領と連動していた前生指導提要には，生徒指導の意義のなかで「生徒指導とは，一人一人の児童生徒の人格を尊重し，個性の伸長を図りながら，社会的資質や行動力を高めることを目指して行われる教育活動のこと」と書かれています。社会的資質とは，人間関係をうまく遂行するために欠かせない能力のことであり，社会性や社交性，コミュニケーション能力，共感的な行動能力などが含まれますので，人間関係形成能力と極めて似た概念です。
　つまり，前学習指導要領では，いじめ，不登校，学級崩壊等の問題を背景に生徒指導のねらい達成のために人間関係形成能力が捉えられていたと考え

られます。そして，前生徒指導提要によれば生徒指導は，「学校の教育目標を達成する上で重要な機能を果たすものであり，学習指導と並んで学校教育において重要な意義を持つもの」（この生徒指導の捉えは，令和4年12月改訂の新提要でも同様）ですので，人間関係形成能力は，学校教育の柱の一つのねらいのまた一つと捉えられていたことがわかります。

しかし，現行の学習指導要領は，改めていうまでもなく，3つの資質・能力をねらって設計されているものです。また，「知識及び技能」の習得と「思考力，判断力，表現力等」の育成は，「学びに向かう力，人間性等」の涵養に向かって方向づけられるという構造をもちます。つまり，人間関係形成能力の育成は，現学習指導要領のねらいそのものといってもいいと考えられます。

6 人間関係形成能力とは

では，人間関係形成能力とはどのような能力をいうのでしょうか。小学校学習指導要領（平成29年告示）解説，総則編では，人間関係形成能力という文言そのものは，出てきませんが，「人間関係」という文言は，79カ所見られます。そのうちその育成にかかわるだろうと思われる「よりよい人間関係」という文言は28カ所になりますが，それが具体的にどのようなものであるかは明記されていません。

一方，キャリア教育のなかに，人間関係形成能力という文言が見られ，その内容が記載されています。人間関係形成能力の前に，キャリア教育について簡単に整理しておきましょう。文部科学行政関連の審議会報告等で，「キャリア教育」が文言として初めて登場したのは，中央教育審議会「初等中等教育と高等教育との接続の改善について（答申）」（平成11年12月16日）です。新規学卒者のフリーター志向の広がり，若年無業者の増加，若年者の早期離職傾向などを深刻な問題として受け止め，それを学校教育と職業生活との接続上の課題として位置付け，キャリア教育が提唱されました。

その後，国立教育政策研究所生徒指導研究センターが平成14年11月，「児童生徒の職業観・勤労観を育む教育の推進について」の調査研究報告書をまとめ，小学校・中学校・高等学校を一貫した「職業観・勤労観を育む学習プログラムの枠組み（例）―職業的（進路）発達にかかわる諸能力の育成の視点から」を提示しました。この「枠組み（例）」では，「職業観・勤労観」の形成に関連する能力を，「人間関係形成能力」「情報活用能力」「将来設計能力」「意思決定能力」の４つの能力領域に大別し，小学校の低・中・高学年，中学校，高等学校のそれぞれの段階において身に付けることが期待される能力・態度を具体的に示しました。

　それから様々な議論が重ねられ，キャリア教育における基礎的・汎用的能力を構成する能力として，「人間関係形成・社会形成能力」「自己理解・自己管理能力」「課題対応能力」「キャリアプランニング能力」の４つが整理されました。文部科学省の「小学校キャリア教育の手引き―小学校学習指導要領（平成29年告示）準拠―」（令和４年３月）によれば，これらの能力は，包括的な能力概念であり，必要な要素をできる限りわかりやすく提示するという観点でまとめたものです。この４つの能力は，それぞれが独立したものではなく，相互に関連・依存した関係にあり，特に順序があるものではなく，また，これらの能力をすべての者が同じ程度あるいは均一に身に付けることを求めるものではない，とされています[9]。

　同手引きには，社会形成能力と共に人間関係形成能力は，次のように説明されています（文部科学省，前掲）[10]。

　「『人間関係形成・社会形成能力』は，多様な他者の考えや立場を理解し，相手の意見を聴いて自分の考えを正確に伝えることができるとともに，自分の置かれている状況を受け止め，役割を果たしつつ他者と協力・協働して社会に参画し，今後の社会を積極的に形成することができる力である。

　この能力は，**社会との関わりの中で生活し仕事をしていく上で，基礎となる能力**である。特に，価値の多様化が進む現代社会においては，性別，

年齢，個性，価値観等の多様な人材が活躍しており，**様々な他者を認めつ**
つ協働していく力が必要である。また，変化の激しい今日においては，**既**
存の社会に参画し，適応しつつ，必要であれば自ら新たな社会を創造・構
築していくことが必要である。さらに，**人や社会との関わりは，自分に必**
要な知識や技能，能力，態度を気付かせてくれるものでもあり，**自らを育**
成する上でも影響を与えるものである。具体的な要素としては，例えば，
他者の個性を理解する力，他者に働きかける力，コミュニケーション・ス
キル，チームワーク，リーダーシップ等が挙げられる。」　　（太字は筆者）

　国の示したこの人間関係形成能力への認識は，これまで示したいくつかの
データと符合するものです。つながりは幸福感と直結し，つながりは変化の
激しい時代においては自分の人生を創っていくとても重要なものだと言えま
す。そして，その重要性は今後益々増していくと思われます。
　しかし，先程，日本人がつながりの中心とする職場の同僚と家族も安定し
たものではないと指摘しました。私たち日本人は，どのようなつながりをも
っていったらいいのでしょうか。

7 　安全基地と仲間

　先程紹介したリクルートワークス研究所の「マルチリレーション社会―多
様なつながりを尊重し，関係性の質を重視する社会―」（前掲）では，様々
なつながりの中で，注目すべき性質として「ベース性」と「クエスト性」の
２つを挙げています[11]。ちなみにこの調査におけるリレーションとは，互恵
的で，豊かな質をともなう関係性のことです[12]。「ベース性」とは「ありのま
までいることができ，困ったときに頼ることができる安全基地としての性
質」，「クエスト性」とは「ともに実現したい共通の目標がある，目的共有の
仲間としての性質」と説明されています。私たちが幸福になるためには，人
間関係における安全基地と仲間としての機能が注目されるということです。

これは，かつての拙著でも「チーム」と「ホーム」という概念で説明することもできます。

　「ホーム」とは，現在の姿の肯定，関係性の維持によるエネルギーの保持，増幅ができる集団のことをいいます。一方「チーム」は，協力的関係と機能的な役割分担によって目的達成を志向する集団のことです。

　「ホーム」は居心地がよいのですが，成長や発展が少なく，人々がもつ達成への欲求が十分に満たされるわけではありません。また，「チーム」は，目的達成への参画によって，成長や発展がもたらされますが，モチベーションの維持や生産性の向上への努力や対人関係が損なわれるリスクを常に負い続けなくてはなりません。人が幸福感を感じるには，それぞれの個性に応じて両方がバランス良く確保される必要があると考えています。

　「マルチリレーション社会—多様なつながりを尊重し，関係性の質を重視する社会—」（前掲）では，このベース性のあるつながりとクエスト性のあ

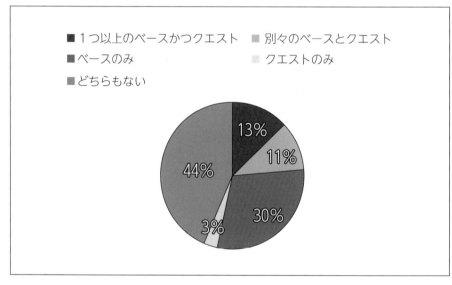

図8　働いている人のリレーションの持ち方
（リクルートワークス研究所，2020ｂをもとに筆者作成）

るつながりの確保状況について興味深い調査結果（「働く人のリレーション調査」）を紹介しています[13]。この調査は，全国に居住する，25-64歳の男女就業者を対象として，そのつながりの特徴を明らかにしたものです（図8）。

　図8を見るとわかるように，働いている人のうち，ベースかつクエストの機能をもつリレーションをもっているは13％，2つのリレーションを別々にもっているのは11％で，両方をもつのは，24％でした。また，どちらかをもっているのは，33％でそのほとんどがベース機能のリレーションでした。一方で，両方をもっていないのは44％であり，本調査は「リレーションをもつことは，今や，決して当たり前ではなくなった」と結論付けています[14]。

　本調査を私なりに解釈すると，働いている人のなかで，ホームとチームの両方をもっているのは4人に1人程度で，どちらかをもっているのは3人に1人でそのほとんどはホームであり，チームをもっているのは極僅か，そして，両方をもたない人が4割程度もいるのです。働いていても4割が豊かなつながりをもてないでいます。つまり，わが国の就業者において，安心や成長の時間を感じることができている人は，4人に1人，そのうち1人は，安心感はあるものの成長実感に欠け，残りの2人は安心感も成長実感も薄いということが推察されます。これは正に冒頭に紹介した，日本人の2人に1人は，幸福感を感じられていない状態と符合するのではないでしょうか。

8 今こそ，他者とつながる力を子どもたちに

　これまで学校教育において人間関係づくりは，いじめ，不登校，そしてときには学級崩壊の予防策として注目されることがありました。現在も人間関係づくりに注目し，尽力される学校はそのような目的で実践されていることでしょう。それは大筋で間違っていないと思います。むしろ，これからも積極的に進められていくべきでしょう。

　しかし，これまでの実践には，教師が子どもたちをつなげようと頑張りすぎるあまり，「仲良く」，「みんな一緒に」を強調するがために，同調圧力の

ような閉塞感を生んでしまうようなこともあったと思われます。同調圧力に対する忌避感からか，学校関係者の中でも，「ゆるいつながり」や「つかず離れずの関係」など耳当たりのよい人間関係が指向されるようになりました。それらのイメージが誤っているとは全く思いませんが，その実現はとても難しいと感じています。

　耳当たりのよさの一方で，他者に必要以上にかかわらない「冷たい関係」を助長してしまっている場合もあるのではないでしょうか。私たちが成長，発展するためには，「耳の痛い話」をしてくれる人も時には必要です。「耳の痛い話」は文字通り，痛みを伴います。中途半端な関係性でそれをすると関係が破綻してしまうことがあります。目の前の子どもたちの関係性を見てみてください。全肯定するか，全否定するかの極端な関係になっていませんか。肯定の関係は，他者が何をやっても「いいね」「ありだね」と認め，一緒にいる分には，まあまあ楽しいし独りぼっちになることはありません。否定するのは精神的に疲れますから，今の子どもたちは「かかわらない」という選択をしているのではないでしょうか。

　「ゆるいつながり」とは，余計な干渉はしないが，困ったときは助け合うわけであり，ネガティブな部分を他者にさらけ出す必要が出てきます。接近と回避の中間に立つ，とても難しい関係です。そこにはそれ相応の信頼関係が必要となります。耳当たりのいい話は，実現するときには，大抵の場合，多大なコストがかかるものではないでしょうか。

　学校教育が忘れてはならないことは，「子どもたちを幸せにする」ことです。そして，さらに大事なことは「子どもたちが幸せになる」力を育てることではないでしょうか。われわれの幸せの実感が，つながりの量と質に関係しているのだとしたら，学級をまとめるためではなく，子どものたちの幸せのために，ある程度の量があり，かつ良質なつながりのある学級経営をしていく必要があるのではないでしょうか。

　そして，それ以上に大切なことは，子どもたちが自らつながり，自らのネットワークを構築するような能力を育てることではないでしょうか。まとま

りのいい学級づくりや仲間づくりといったこれまでの学級経営の流れは、もちろん無視できないくらい大切な営みであり続けるでしょう。ただ、それはともすると、教師や社会性のあるクラスメートに依存する受身体質の子どもたちを一定数育ててしまっている可能性があります。これからは、子どもの幸せになる力を見据えて、自ら安全基地と仲間といった幸福感の基盤となるような人間関係をつくる力を引き出し、育てる学級経営をしていくことが求められているのではないでしょうか。

今世の中はデジタル化、DX化によって、人と人とが直接触れ合わなくてもいいような道具と仕組みの整備が進んでいます。コロナ禍はそれを加速させると同時に、なんとなく人々がもっていた人と人とが関わることに対する煩わしさに対する正当性を与えることに一役買ったように思います。それまでは、たとえ面倒でも人づきあいは大事にした方がいいと消極的に関わっていた人たちに、関わらなくてもいいとお墨付きを与えたのではないでしょうか。

しかし、本章における調査等から私たちが幸福感と共に生きるためには他者とのつながりが重要な鍵を握ります。学校教育では、子どもの「将来のため」に学力をつけるために、教育内容やカリキュラムが整えられ、授業法の工夫もしています。ところがその一方で、人とつながる力については、そうした体制による整備は十分とは言えず、学校任せ、個々の教師任せになっているのではないでしょうか。

人とつながる力が必要なのは、何も子どもの「将来のため」ばかりではありません。いじめは勿論、不登校も個人的要因よりも教師や子ども同士の関係性要因から起こっていることが近年の調査からわかってきました。教室の心理的安全性を脅かすのは、なによりも人的リスクです。つまり、子どもにとって教室における最大の脅威は人間関係なのです。将来の幸福だけでなく、子どもの「今ここ」の幸せのために、他者とつながる力をつけることは、学校にとって大事なミッションなのです。

【参考文献】

1 持続可能な開発ソリューション・ネットワーク「World Happiness Report 2023（世界幸福度報告書2023年版）（第11版）」2023年（https://worldhappiness.report/ed/2023/　閲覧日2023年7月20日）

2 リクルートワークス研究所「Works Report 2020　5カ国リレーション調査【データ集】」2020年a（https://www.works-i.com/research/works-report/item/multi_5.pdf　閲覧日2023年8月16日）

3 リクルートワークス研究所「次世代社会提言プロジェクト―マルチリレーション社会：個人と企業の豊かな関係―」「【提言ブック】マルチリレーション社会―多様なつながりを尊重し，関係性の質を重視する社会―」2020年b（https://www.works-i.com/research/works-report/2020/multi_03.html　閲覧日2023年11月1日，https://www.works-i.com/research/works-report/item/multi2040_3.pdf　閲覧日2023年8月16日）

4 前掲3

5 中央教育審議会「幼稚園，小学校，中学校，高等学校及び特別支援学校の学習指導要領等の改善について（答申）」平成20年1月17日

6 杉田洋『よりよい人間関係を築く特別活動』図書文化，2009年，pp.160-161

7 前掲6

8 文部科学省『小学校学習指導要領（平成29年告示）解説総則編』東洋館出版社，2018年

9 文部科学省「小学校キャリア教育の手引き―小学校学習指導要領（平成29年告示）準拠―（令和4年3月）」2022年

10 前掲9

11 前掲3

12 前掲3

13 前掲3

「働く人のリレーション調査」：全国の25-64歳の男女就業者が対象。2019年12月19日～23日にオンラインで調査を実施。有効回答数は3273名。

14 前掲3

第2章

「つながる力」とは
何か？

① 4年生の発達段階

（1） 4年生とは？

みなさんから見て，4年生の子ども達はどんな特徴がありますか。以下に，私の経験から4年生の子ども達の特徴を挙げてみました。

自分たちでやってみたいと思うことが増える。
リーダーになりたいという意欲が強い。
きっかけがあると，互いに協力するエネルギーが大きい。
好奇心が強く，新しいことにすぐ興味を持つ。
親に自分のことや学校のことをあまり話さなくなる。
大人とよりも仲間同士の結びつきが強くなる。
仲の良い子ども達で固まって，他の子を阻害する。
陰で悪口を言ったり，授業中に手紙を回したりし始める。
画数の多い漢字や複雑な形の漢字が出てきて，苦手と思う子が増える。
算数の文章題で論理的思考が求められ，算数を難しいと感じる子が増える。

4年生は，夏休み前と後とで雰囲気が大きく変わる印象があります。特に夏休み後は，上記のような雰囲気が出てきませんか。以前から，教育現場においては「9歳の壁・10歳の壁」という言葉があります。この中学年の時期は，子どもが大きく変わる時期だといわれます。

（2） 前思春期・4年生

この時期を「前思春期」ということがあります。前思春期とは，第二次性徴が訪れる思春期の手前の時期で，見た目の変化はあまり見られません。山本ら（2016）によると，この時期は，「自分を客観的に見ることができ始め

る」こと，「自分と異なる価値観があることに気付くようになる」ことなど，自分中心の世界から他者との関係を結ぶ世界へと変化する「質的な転換期」だといえるそうです。

　前年度に不登校だった小学6年生を対象に行った文部科学省の調査（2021）では，最初に学校に行きづらいと感じ始めた学年は，小学校4年生が最も多い回答でした。そのきっかけとしては，「先生のこと」，「身体の不調」，「友達のこと」，「勉強がわからない」の順で回答の割合が高くなっています。このことからも4年生が，関係性や内面が大きく変化する敏感な時期だと分かります。

　そういった関係性の変化について，橋本（2012）は，「『私』と『みんな』の間をどう生きたらよいのか。いつか大きくなって社会に入っていくための大切な学びがこの段階から始まる。」と述べています。

（3）　つながる経験を保障する

　4年生は，それまでのように大人の言ったことをすんなり受け入れるわけではありませんが，まだ完全に思春期に入ってしまったというわけでもありません。大人の話を聞く素直さも残っている時期です。だからこそ，4年生では全員に「つながる」経験を保障します。関係性や内面が大きく変わって，人間関係の不安が高まりやすい4年生の時期に，「仲間とつながれた」「つながって心地よかった」という肯定的な感情を伴った経験をすることで，高学年で「つながる」価値を自分自身で見出していく原動力になると考えます。

> 大きく変わる4年生で，全員に「つながる」経験を保障する。

2 「つながる」見方・考え方

（1） なぜ，グループ活動がうまくいかないのか？

　グループ活動やペア活動などかかわり合う実践は，昔からたくさん行われてきました。しかし，それがうまく機能しないという話もよく聞きます。

　赤坂（2016）は，子どもたちをかかわらせるような手立てをとってもうまくいかないのは，そのかかわりが行動レベルの関係になっているからだと指摘しています。また，グループ活動の多くが，教師の管理目的で行われることも指摘しています（赤坂，2011）。管理目的というのは，例えば学習用具が人数分足りないためグループをつくったり，遅れがちの子どものフォローをするためにグループをつくったりするということです。

　実際に，学習や生活をしていく時には，いろいろな制限があるため，管理目的の要素も少なからず入ると思います。しかし，それだけでなく，「つながる」という人間関係構築の視点をもつことも大切ではないでしょうか。

　グループ活動に「つながる関係」を引き出す視点を入れる。

（2）「かかわる」と「つながる」の違い

　では，この２つの違いは何でしょうか。かかわることも，つながることもどちらも自分と他者の関係性を表しています。

　私は，共感関係があるかどうかだと考えます。

　病院にかかった時を考えてみます。診察の際に医師に体調について話したり，医師から診断を聞いたりすれば，そこにかかわり合いが生まれます。その際，「つらかったですね。」や「すぐに治るので安心してくださいね。」などの，気持ちに寄り添った共感的なかかわりがあると，より「自分のことを

わかってくれている」と思えるのではないでしょうか。すると，次もその医師の診察を受けたいと思って，そこに信頼関係が生まれます。このように「つながる」関係とは，二者の信頼関係が深まった状態だと考えます。

　私は，「かかわる」は行動レベルの結びつき，「つながる」は感情レベルの結びつきと捉え，本書における「つながる」を次のように定義します。

> 「つながる」とは，他者と感情的な結びつきをもつこと。

（3）　つながりが成長を生む

　体育のサッカーの練習を想定してみます。Ａ組は，１人１個ずつボールを持って，ゴールに向かって順番にシュートをしていました。Ｂ組は，キックする人，キーパーの役をする人，キッカーにパスを出す人，タブレットで様子を動画に撮る人など，役割分担して順番に練習していました。体育単元なので８時間くらい続きます。さて，どちらの方が成長するでしょうか。

　短期的に見ればあまり変わらないか，もしくはＡ組の方がキックの回数が多いので上手になるかもしれません。しかし，長期的に見れば，Ｂ組の方が上手になるような気がします。なぜなら，Ｂ組は常に他者を意識した練習になっているからです。例えば，相手がキックしやすい位置にパスを出そう，キッカーのどこを見ていたらゴールを防ぐことができるのかなどを考えます。また，チームメートの蹴りやすいポイントや苦手とするポイントが分かってくるので，試合中の連携プレーもスムーズになるはずです。

　他者を意識した活動は，関係の質が高まり，そして練習の質が高まり，お互いの成長に寄与するのです。

> 「つながる」関係がお互いの成長に寄与する。

（4） つながる力と協同力

　サッカーの事例のように，つながる力を生かして互いの成長に寄与するようなことを「協同する」といいます。「キョウドウ」という音をもつ言葉で，学習指導要領でよく使われるのは「協働」です。「協働」と「協同」は，何が違うのでしょうか。

　協働の英訳 collaborate は，目標の達成や新しいものを生み出すという意味があります。それに対して，協同の英訳 cooperation は，足りない部分を補いながら協力するという意味があります。また，広辞苑によると，協同は「心と力を合わせる」という意味で，心も合わせるという意味が含まれています。

　このようなことから，「協働」は，全員が同じように力を出し合って仕事をするという意味で，仕事量が同等に分担されて働くイメージがもてます。それに対して，「協同」は，ともに心と力を合わせ，助け合って仕事をするという意味で，互いの強みで弱みを補完しながら働くイメージがもてます。

　全員が一定以上の能力をもっていて，平等に同じ仕事量をこなせるのなら協働でよいと考えます。しかし，教室にはいろいろな子ども達がいますので，協働では成り立たないことが多いと考えます。お互いの気持ちに寄り添って，能力に応じて助け合ったり高め合ったりしていくことが，実際には求められているのではないでしょうか。

　つまり，社会に出た時に，全員が同程度の仕事量を力を合わせて行うことができる力（協働力）をもつために，学校段階では，心と力を合わせて助け合って仕事をすることができる力（協同力）が必要だと考えます。

　そして，そのためには，行動レベルのかかわりでは不十分で，感情レベルのつながりが基盤として必要になるのです。

　つながる力で，協同力を引き出し，互いを高め合う。

（5） 「つながる」と「つなげる」の違い

　「つな"が"る」は，「子ども達がつながる」と文章にできるように，子どもの主体性を感じる言葉です。子ども自身の意思で他者と結びつく姿がイメージできます。それに対して，「つな"げ"る」は，「教師が，子ども達をつなげる」と文章にできるように，子どもの受動性を感じる言葉です。外からの力によって他者と結びつく姿がイメージできます。

　本書のテーマは「つながる」です。そのため，子どもの主体性を大切にしています。だから，教師にできることは，「力を引き出す」なのです。もし，外部（教師や親など）からのつなげる力が強すぎると，それは価値観の押し付けや，強制力や同調圧力などになってしまいます。それでは，子ども達の主体性を引き出すことができません。

　予測困難な社会を生き抜いていくためには，その場その場で自分から進んで考えて決断し，行動していくことが求められます。そして，その際に必要な他者とつながることで，より良い行動をとることができるのです。私たちに求められているのは，主体的に他者とつながる力なのです。

> 「つながる」は，主体的に他者との関係をつくること。

（6）　柔軟につながる力

　「つながる」ことは強制されたり，他者を制限したりするものではありません。つながりたいと思った時に，つながりたいと思った相手とつながれることが大切なのです。一方で，会社やクラスのように，決められたメンバーで，問題解決していかなければならない場面もあります。

　思春期の子ども達は，心理的不安を解消するために，同質の小グループを形成します。そこでは，同じキーホルダーをつけたり一緒にトイレに行ったり，グループの"掟"のような強い縛りがあります。そして，グループ以外

の子は排除されます。前思春期の４年生でも，子ども達のこういった様子が少しずつ見られるようになってきます。

　しかし，生きていく上で必要なのは，状況に応じてつながることです。どの社会でも自分と気の合わない人はいますが，事を成し遂げるためには協力が必要です。そして，感情レベルのつながりがより良い成果を生みます。そこで必要となるのは，誰とでも柔軟につながれる力です。価値観の違う異質な他者とでも，状況に応じてつながることができる力を目指します。

> 誰とでもつながることのできる「柔軟につながる力」を引き出す。

3 「つながる力」を引き出す学級経営

（1） 学級経営観と学級経営の範囲

　学級経営の明確な定義はなく，教師によって異なる意味で使われてきました。その要因について，白松（2017）は，2つの学級経営観が混在していることを挙げています。1つ目は「学習指導のための条件を整備すること」という学級経営観で，「どう子ども達をコントロールするか」に重きがおかれます。2つ目は「児童生徒とともに，人間関係や文化を創り，よりよい学級を創ること」という学級経営観で，「どう子ども達の自律的・自治的活動を組織し，自主的実践的な態度を育むか」に重きが置かれます。グループ活動を実施する場合，前者の学級経営観だと管理目的なので行動レベルのかかわり合いで終わってしまいます。しかし，後者の学級経営観は主体的態度の育成を目的とするので，教師や子ども達同士の声のかけかたも変わって，感情レベルで結びつく「つながる関係」を引き出す活動となります。また，白松（2017）は，学級経営の範囲を「授業を通じた学級経営」と「授業外の学級経営」としています。以下は，4年生を意識して私がまとめたものです。

授業を通じた学級経営（教育課程の授業，学習指導）
・国語　・算数　・社会　・理科　・体育　・図工　・音楽
・外国語　・総合　・特別活動（学活，クラブ，学校行事）　・道徳など
授業外の学級経営（生活指導・生徒指導，人間関係づくりなど）
・朝の会，帰りの会　・休み時間　・給食
・組織づくり（当番，係，日直）
・トラブル対応　・保護者との連絡・調整　・学級事務
・学年・学校経営との調整　など

私は，学級経営の全ての範囲，つまり学校生活全体で，「つながる力」は引き出されていくものだと考えます。さらに言えば，家庭とも連携し，子どもの生活全体で引き出されていくものだと考えます。

> 　子どもの主体性を育てるという学級経営観をもって，生活全体で「つながる力」を引き出す実践をする。

（2）　様々な問題解決の場で共有体験をする

　私は，「つながる力」を引き出していくポイントは「共有体験」だと考えます。近藤（2013）によると，共有体験とは，「体験の共有」と「感情の共有」のことを言います。例えば，子どもが道端の花を指さして，お母さんもその花を一緒に見ながら「このお花，きれいだね。」と話したとします。共に同じものを見る「共視」（体験の共有）する中で，母と子の間には感情交流（感情の共有）が起こり，共有体験が生まれます。共有体験は，基本的自尊感情を育むことにもつながります。最近は価値観の多様化で，日常生活における共有体験の機会は少なくなっています。近藤（2013）は，教育現場で共有体験を実践するための1つのモデルとして，「教室で机を並べている2人が，共に先生を見ながら，学習によって得られる発見の感動を共有するようなことは，日常の学校で明日からすぐに実現できること」と述べています。

　私は，そういった共有体験の場として，最初に学校行事を思い浮かべます。4年生では，学習発表会や音楽会などの文化的行事，運動会やマラソン大会などの健康安全・体育的行事，遠足や社会科見学などの遠足・集団的行事などです。赤坂（2016）は，「子ども達の行事への関与の度合いが，その後に生起する感情と深く関わっている」といいます。成功に向けて試行錯誤する経験が，ポジティブな感情を生み，「つながる力」を引き出す行事になるのです。

　私は，行事の計画では時間と課題の設定が重要だと考えます。少ない時間

で取り組もうとすると指導が増えたり技能が向上しなかったりして，ポジティブな共有体験が生まれません。また，課題が簡単すぎては感動が薄くなり，難しすぎては感動する段階までいかないためです。

　また，前項で示したように，子ども達の「つながる力」は行事だけでなく，学校生活全体で引き出していくものです。赤坂（2016）は「問題解決過程において試行錯誤の末にポジティブな感情を味わうことがより良質の共有体験になる」と述べています。つまり，各教科等の授業や生活場面においても問題解決による共有体験をしていくことが大切なのです。

> 　行事や授業などの様々な問題解決過程を通して，共有体験（体験の共有と感情の共有）し，「つながる力」を引き出す。

（3）「つながる力」を引き出す道筋

　赤坂（2017）は，問題解決する集団になるまでの道筋を示しています。まず，教師と子どもの信頼関係が深まることで，学級内に約束が生まれます。そして，子ども達同士の信頼関係が深まると，学級内に親和的人間関係が生まれます。すると，学級に「安心感」が生まれます。その中で，子ども達は助け合って与えられた課題を解決していきます。そのうち，多数の子ども達が問題を共通認識するようになって，問題解決集団となります。そして，良質な共有体験を積み重ねることで，さらに信頼関係を深めていくのです。

　最後に，信頼関係についてです。赤坂（2023）によると，小学生は「親しみやすくいつでも話しかけられる，公平に接してくれる，叱る時はこわいけど納得できる，聞き上手で一緒にいると楽しい教師」を信頼するそうです。また，近藤（2013）によると，カウンセラーは向き合う関係と並ぶ関係を効果的に使い分け，まず関係をつくる段階では向き合う関係，次に関係を深める段階では並ぶ関係にするそうです。子ども達の関係づくりには，この段階を意識した指導が必要です。また，私は職員室内で信頼関係を築き，自分自

身が「つながる」仲間を得ることが，実践の第一歩だと考えています。

　以上のことから，次のような道筋を立て，第3章に実践を記しました。

〈つながる力を引き出す道筋〉
①信頼される教師になる。
　→子ども達の環境への不安を調整する。
②子ども達のかかわる量を増やす。（例：あいさつ・相手を見るなど）
　→行動レベルの結びつき，向き合う関係にする。
③子ども達のかかわる質を上げる。（例：一緒に感動する・喜ぶなど）
　→感情レベルの結びつき，並ぶ関係にする。
④課題解決で共有体験する場を設ける。（目標，学び，感情の共有）
　→感情レベルの結びつきを強化する。自尊感情が高まる。
⑤問題解決で共有体験する場を見守る。
　→主体的に他者とつながる，柔軟に他者とつながる。
　⇒「つながる力」が引き出される。
☆徐々に保護者や職員室内の信頼を得て，自分のつながる仲間を得る。

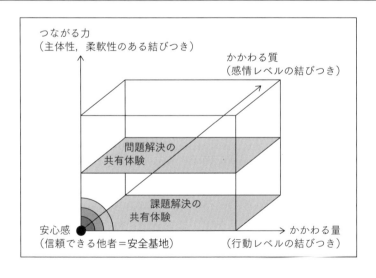

【引用文献】

・山本雅哉・服部康子・吉田晴美・永尾彰子・由良渉・奥澤嘉久・鎌野高信『学校不適応の未
　然防止のために～小学校3・4年生（前思春期）という時期とは～』京都府総合教育センタ
　ー研究紀要第5集，2016年，pp.2-13
・文部科学省『不登校児童生徒の実態把握に関する調査報告書』2021年（https://www.mext.
　go.jp/content/20211006-mxt_jidou02-000018318_03.pdf　閲覧日2024年1月15日）
・橋本定男『リーダーを育てるための学級づくり「私」と「みんな」の間を先頭でくぐる（児
　童心理11月号第66巻第16号）』金子書房，2012年，pp.59-64
・赤坂真二『スペシャリスト直伝！　成功する自治的集団を育てる学級づくりの極意』明治図
　書，2016年
　ペア活動やグループ活動がうまくいかない事例をもとに指摘している。
・赤坂真二『教科指導のなかで行う人間関係づくり（児童心理2月号第65巻第2号）』金子書房，
　2011年，pp.76-80
・白松賢『学級経営の教科書』東洋館出版社，2017年
・近藤卓『子どもの自尊感情をどう育てるか　そばセット（SOBA－SET）で自尊感情を測る』
　ほんの森出版，2013年
・赤坂真二『スペシャリスト直伝！　主体性とやる気を引き出す学級づくりの極意』明治図書，
　2017年
・赤坂真二『指導力のある学級担任がやっているたったひとつのこと』明治図書，2023年

第3章

人間関係形成能力を育てる
学級経営365日　4年

信頼される教師になる準備

春休み

1 春休みの「つながる」戦略

　春休みは，子どもから信頼される教師になるための準備をしたり，学年団のつながりを深めたりすることに重点をおきます。子ども達は，教師の関係性について敏感です。教師の関係性が良いと，子ども達は安心して落ち着きます。学級開きまでに，特に学年団の関係性を良くしておくことが大切です。

　また，子ども達のことを思い浮かべながら，教室の中と教師の心の中に，子ども達の居場所を作ることが大切です。

2 職員室コミュニケーション

（1）　こう考える

学年団でかかわる機会を増やすために，相手への関心を示す。
【つながる力を引き出す道筋①：同僚から信頼される教師になる】

　春休み初日，職員会議を経て各担当が決まった後，初めての学年会となります。異動してきた先生はずっと緊張していることでしょう。前からいる先生も，これからの仕事の多さに不安を抱えているかもしれません。そのため，私は先生方が安心して話せる雰囲気づくりを大切にしています。

（2） やってみる

「コーヒーと紅茶だったら，どちらが好きですか。」

など，答えやすい質問を投げかけて，話してもらう時間をとります。質問をすることで，相手に関心があるというメッセージを伝えます。自分に関心があると感じることで，受け入れられていると感じるのではないでしょうか。

　私の在り方で意識したことは，聞くことを多めにするということです。また，学年団が3人以上の場合は，まずは全員が同じくらいの量をしゃべれるように，順番に話を振るようにしています。おしゃべりの量を同じくらいにすることで，学年団内の対等性を暗に伝えています。

（3） こうなった

「保健関係の書類は，男女別の番号順ですか。」

　実際に話してもらうと，先生方の緊張している表情が和らぐことが多いです。だんだん相手からの質問が増えることもあります。また，学年団が3人以上の場合は，私以外のところでも会話が生まれることが多かったです。

　最初におしゃべりすることで，分からないこともお互いに聞きやすくなります。上記の言葉は，書類分けをしている時の学年の先生の言葉です。雰囲気づくりが事務仕事のミスを減らして，仕事効率を上げることにもなります。

まとめ

聞くこと多めのおしゃべりをする。

春休み

4月

5〜7月

夏休み

9〜12月

冬休み

1〜3月

目指す子ども像

（1） こう考える

学年団が並ぶ関係になるために，目指す子どもの姿について話し合う。
【つながる力を引き出す道筋①：同僚から信頼される教師になる】

　教科担任制や学年担任制の実施などで複数の教員で子ども達を指導する学校が多いのではないでしょうか。その際，各教員によって生徒指導や特別支援などの姿勢が大きく違うと，子ども達が戸惑ったり，教員の児童理解がばらばらになったりしてしまいます。そのため，各教科の指導体制とセットで，生徒指導，教育相談，特別支援等の考え方の方向性が"整っている"状態にしておくことが大切です。

（2） やってみる

> 「学級経営で何を大切にしますか。学級開きで何を伝えたいですか。」

　年度当初，私はこの2点を学年の先生にたずねています。「学級経営で」「学級開きで」と聞いたのは，その先生の考え方が一番あらわれやすいと思ったからです。あらかじめ伝えて，キーワードでも構わないので考えてきてほしいと伝えます。

　話し合いでは，各自が考えてきたことを順番に話していきます。話したことを黒板や大きめの紙に書いて共有します。一通り話し合った後，共通する"考え方"を見つけていきます。言葉が違っていても，話をよく聞いていると"考え方"に共通する部分があるものです。その要素を少しずつ明確にし

ていき，学年の目指す子ども像をつくっていきます。

　ある年は，「誰一人見捨てず支え合って高め合う」「一人ひとりが認め合って安心して過ごせる」「自分から進んで行動する」という思いが出されました。そして，共通する考え方に「主体性」「協同」が浮かび上がり，「自分から進んで仲間とつながって学んだり，活動したりする児童」となりました。

　私の在り方で意識したことは，お互いの考え方をなるべくはっきりイメージできるようにすることです。「学習場面だと？」「そうじ場面だと？」などと聞くようにしました。

（3）　こうなった

> 「Ａさんは，何に困っているのでしょうか。」

　これは，学年団の打ち合わせで出てきた言葉です。教室には，いわゆる問題行動を起こす子どもがいます。その時に，子どもを悪く言うのではなく，何に困難を抱えているのかという視点で話し合えるようになります。日常においても，「Ａさんの不安を取り除くにはどうしたらいいか？」という視点で，学年団で共通して考えられるようになりました。目指す方向性が整うと，特に特別支援教育の考え方に良い影響があるように感じています。

　また，児童像が決まると，教科指導や行事準備の打ち合わせで，学年団の話し合いが大きくずれることがありません。拠り所があることで，若手の先生は意見を言いやすくなります。ベテランの先生は他の先生の意見を取り入れやすくなります。

まとめ

> 対話を通して，目指す子ども像の方向性を整える。

④ 役割分担

（1） こう考える

学年団が目標達成の方法を共有するために，一人ひとりが役割をもつ。
【つながる力を引き出す道筋①：同僚から信頼される教師になる】

　同じ人が多くの役割を担ってばかりでは，他の先生方は受け身の姿勢になってしまいます。経験年数や家庭の事情などに配慮しながら，一人ひとりが役割を担うことで，やりがいをもつことができるのではないでしょうか。また，役割分担をすることで，一人ひとりの取り組むべきことが明確になり，それが達成方法の共有にもなります。

（2） やってみる

・年間行事計画を見ながら，学年に関係する行事を見つける。
・職員会議資料を見ながら，年間を通した事務仕事を考える。
・必要な役割を一覧にする。

　ここまで資料を作っておいて，学年会で話し合うと効率的です。担任や学年主任が行った方がいいものがあれば，あらかじめ分担に入れておきます。もちろん学年会の中で変更になることもあります。そして，役割が決まっていない所は，話し合いながら名前を入れていきます。
　最終的に，一人ひとりの分担が重荷にならないようにします。役割は，主になって動くという意味で，作業や相談はみんなで行うことを確認します。
　私の在り方で意識したことは，仕事を任せたら任せっぱなしにしないで，途中の見守りや声かけをすることです。また，自分の仕事が行き詰まったら，「ちょっと聞いて〜」と声をかけて，助け合う雰囲気をつくりました。

（3）　こうなった

> 「来月の集金額のことで相談があります。」
> 「実行委員会のスケジュールを学年会で提案したいです。」

と，主体的に学年の仕事に取り組む姿が見られました。それは，役割をもつことで各自が見通しをもてるからだと考えます。経験の浅い教員がいた時は，「げた箱の上履きがきれいにしまえているか」のチェックを担ってもらいました。（私もさりげなく見ていますが）最初は，「上履きが３つ落ちていました。」「今日はきれいでした。」と，結果だけを教えてくれましたが，徐々に

> 「Ａさんの上履きが今日はちゃんと入っていました。」
> 「Ｂさんの上履きが乱れていました，何かあったのかな。」

と，児童理解に関する考察も述べることができるようになりました。**そして，その一言が学年団全体で児童理解を深める機会となりました。**

まとめ

　役割分担を通して，主体的に目標達成にたずさわる機会とする。

春休み

4月

5〜7月

夏休み

9〜12月

冬休み

1〜3月

5 情報の引き継ぎ

（1） こう考える

　教師が一人ひとりの子どもに声をかけるために，プラスの情報を積極的に調べる。

【つながる力を引き出す道筋①：信頼される教師になる】

　引き継ぎでは，マイナスな情報の話に時間が費やされることが多くないでしょうか。もちろんそれも大事な情報なのですが，あまり聞きすぎると「大変な学年だな」や「どうしよう」など，暗い気持ちになってしまいます。そこで，私は一人ひとりのプラスの情報を必ず聞いて，子どもとの出会いで話しかけられるように準備します。

（2） やってみる

「Ａさんが，好きな遊びは何ですか。」
「Ａさんが，興味をもっていることは何ですか。」
「Ｂ先生（前担任）からみて，Ａさんの強みって何ですか。」

　このように，私は前学年の先生に尋ねます。"ドッジボールをよくやっていた"，"家で料理をしているらしい"などを知っていると，会話のきっかけになります。もし，"校庭で集まってよくサッカーをしている"という情報なら，サッカーが好き，友達と楽しく遊べる，などと読み取ります。プラスの情報を集めておくと，"なんて素敵なクラスなんだろう"と思えて，初日の出会いが楽しみになります。

　また，担任が一人で準備する時間では，指導要録を読むようにしています。

子どもの長所や得意なことについての記述があるはずなので，メモをします。

　そして，最後に私は，「〜が好きな○○さん」や「〜が得意な□□さん」と声に出しながら名簿を読み上げて，子どもの情報を整理します。

　教師の在り方で意識したことは，学年の歴史もしっかり知るということです。どのような指導を受けてきたのか，何に傷ついてきたのか，という部分を知らないで，自分のやり方を押し通してもうまくいきません。もし，傷ついてきた部分があれば，そこに配慮しながら丁寧に指導をすすめます。

（3）　こうなった

T　「Aさんは，ダンスが好きなんだね。」
C　「えっ，何で知ってるんですか？」
T　「D先生から聞いたよ〜。」

T　「Bさんは，お手伝いを進んでしていたんだね。」
C　「あっ，（笑顔で）はい！」

　初日に提出物を順番に集める機会があれば，前に来た時に，一人ずつ話します。前担任と子どもの関係が悪くなければ，前担任の名前を出すことで安心感が生まれます。

　また，「えっ」や「あっ」みたいに，最初はびっくりする子どもが多いです。子どもにとってはサプライズな声かけのようなので，印象深くなります。「自分のことを知っている」，「先生が知ろうとしてくれている」と，子どもが感じることで，その後の信頼づくりに良い影響があります。

> **まとめ**
>
> 　子どもの好きなことや得意なことを知って，出会いの準備をする。

6 教室環境整備

（1） こう考える

子ども達が安心感をもって過ごせるように，子ども目線で安全点検を行ったり荷物置き場を分かりやすく示したりする。

【つながる力を引き出す道筋①：信頼される教師になる】

教室環境でまず考えることは，子ども達が安全・安心に過ごせるかということです。安全とは，けがをせずに過ごせるかという視点です。安心とは，物の置き場が分かるかという視点です。安全・安心な環境があるからこそ，子ども達は外に向かってつながろうとするエネルギーが生まれるのです。

（2） やってみる

「子どもの目の高さで，危なくないかチェックしてみよう。」
「自分の荷物を片づけ終わるまでの動線をイメージしてみよう。」

学年団の先生と一緒に，教室の安全点検をしたり，物の配置を考えたりしている時の言葉です。例えば，壁に画びょうの針の部分だけが残っていないか，窓ガラスやドアが破損していないかなどをよく確かめておきます。

また，子ども達が生活の見通しがもてるかという視点も大切です。名札置き場が分かる，自分のロッカーやげた箱の場所が分かる，それぞれの荷物の置き場が分かる，分かりやすい当番表がある，時計を正確に合わせておくなどです。掲示物の配色やタイトル字の大きさ，高さをそろえて貼ったりすることなども，安心して学習する環境づくりにつながります。

また，子ども達が，朝の準備をする時や帰りの準備をする時などの動線をイメージします。名札ケースの置き場所，課題の提出場所，連絡ボードの位

置，当番表の位置，ごみ箱の位置などを子どもの動きに合わせて配置できるとよいです。

　教師の在り方で意識したことは，子ども目線で教室を見ることです。目線を下げると，印の位置や黒板の見え方などが変わり，新たに気付くことがあります。

（3）　こうなった

> ### 「用務員さん，ありがとうございました！」

　これは，子ども達が用務員さんに会った時に伝えていた言葉です。以前は特別教室として使われていた場所を教室として使うことになった年がありました。ランドセルロッカーを運び込みましたが，教室後方の扉の取っ手が邪魔をして，うまくおさめることができませんでした。そこで，私は用務員さんに依頼して，春休み中に扉を全部外すことにしました。

　後日，私は，子ども達には，用務員さんがリフォームしてくださったことを伝えました。すると，子ども達は用務員さんに会うと，自分から進んでお礼を伝えるようになりました。

　子ども達が，自分達の生活に多くの大人がかかわっていると知ることで，安心感を増やすことにもなりました。

まとめ

　　子ども目線で，子どもの動線で，危険や不安な場所がないかを確認する。

春休み

4
月

5〜7月

夏休み

9〜12月

冬休み

1〜3月

⑦ 出会いの準備

（1） こう考える

　子ども達が心理的にも居場所を感じられるように，学級開きで全体に向けて話す内容，そして一人ひとりに話す内容を準備する。

　　　　　　　　【つながる力を引き出す道筋①：信頼される教師になる】

　担任は，クラス全体の先生ではありますが，子ども達一人ひとりにとっては，「自分の」先生となります。初日は下校が早く，やることも多いですが，子ども達一人ひとりが，「先生は自分のことを見てくれた」と感じてくれるような仕掛けをあらかじめ準備しておくことが大切です。

（2） やってみる

・初日の動きをシミュレーションしておく。
・一人ひとりに話しかけるネタを用意しておく。
・全員の名前を使った詩をつくって掲示しておく。

　初日は，多くの配り物や翌日以降の連絡など，やるべきことがたくさんあります。焦って余裕がなくならないように，動きを念入りにシミュレーションしておくことが大切です。それも学年の先生や身近な先生と一緒に行っておくほうが良いです。自分が見落としている部分を教えてくれるからです。
　また，短い言葉でも全員に声をかけられるように，前担任から引き継ぎを受けた資料に目を通して復習したり，全員の名前を使った詩をつくったりしておきます。詩の中に自分の名前があったり，自分の好きなものを言われたりすると，「先生は自分のことを知ってくれているんだ」と思うからです。

進級
おめでとうございます

志をもってともに
道を進もう。
目の前にはひろい
世界。順に乗り越え、
心の恵を見つけよう。
登る山は、たかし。
その先には、希望の
草木が茂る。
さぁ、真のつなが
りをつくろう！

―赤坂真二『個別最適な学び×協働的な学びを実現する学級経営』明治図書、二〇二二の著者・対話者の名前から作成―

名前を使った詩の例

（3） こうなった

> 「先生が私のことを知っていたよ。」

　ある年の懇談会で，保護者から聞きました。始業式の日，子どもが嬉しそうに，上記のようなことを家で話していたそうです。教師の心の中に自分がいると感じてくれたのでしょう。その言葉を聞いた保護者も，安心したそうです。

まとめ

　一人ひとりにメッセージを伝えて，子ども達が「“自分の”先生だ」と感じられるようにする。

春休み
4月
5〜7月
夏休み
9〜12月
冬休み
1〜3月

2 4月 信頼される教師になる

1 4月の「つながる」戦略

　4月は，教師が一人ひとりの子どもと信頼関係を築くことに重点を置きます。教師が子ども達とつながることによって，一人ひとりに安心感を与えます。また，教師が他者とつながるための望ましい行動モデルを示して，子ども達に教えていきます。もし，よくない行動が見られた時は，理由を説明して，どういう行動が良いのか理解させていきます。

　教師が子どもを理解する姿勢をもって丁寧に関係を築き，それをもとに教室内の約束や肯定的な雰囲気をつくっていきます。

2 安心感をつくる学級開き

（1）　こう考える

　子ども達が教師への安心感をもてるように，教師が一人ひとりを認めて生活の見通しを示す。

【つながる力を引き出す道筋①：信頼される教師になる】

　新学年の子ども達は，期待と不安の両方をもって登校します。不安には様々なものがあります。例えば，

・友達ができるかな，仲のいい子がいなかったらどうしよう。

・クラスのやり方になじめるかな。

・勉強についていけるかな。

・クラスで楽しく過ごせるかな，やりたいことをやれるかな。

だからこそ，新学期初日は，そんな不安を少しでも和らげるように全力を注ぎます。

（2） やってみる

> 「ここにいてよい」「楽しそう」
> 「明日の登校後，何をするか分かる！」

と，子ども達が思えるように学級開きの計画をたてます。見通しをもてて，さらに「この先生，おもしろそう」と思ってくれれば，初日は大成功です。以下に，ある年の私の動きを示します。

【始業式】

　始業式では，子ども達の様子を少し離れたところから見守ります。そして，始業式でよくできていたことを見つけます。それは，この後の学級開きで伝えるためです。

　もし，多少気になる様子が見られても，いきなり注意することはしません。なぜなら，始業式は「スタートライン」，前年度までのうまくいかなかったことをリセットして，新たな一歩を踏み出す日だからです。

　子ども達が，新たな一歩を踏み出そうとしている気持ちを認める教師の姿勢が，この後の子ども達の意欲に大きくかかわってきます。

【1時間目：自己紹介・健康観察】

　始業式後，教室に戻って学級開きが始まります。最初は，担任の自己紹介

をします。初日は，担任の名前をフルネームで覚えて帰ってほしいものです。
そこで，私は「あいうえお作文」を使って，自己紹介をします。

T：みなさん，おはようございます。
　　今年，みなさんの担任になりました。私の名前は，「深井 正道」で
　　す。よろしくお願いします。
C：よろしくお願いします。
T：今日は，私の名前だけでも覚えて帰ってください。そして，おうち
　　の人に私の名前を伝えてください。
　　実は，私の名前はもっと長く，"ふかいまさみち"は私の特徴をあ
　　らわす言葉の頭文字になっています。今から黒板に書きますね。

　「ふ」：フレッシュで，
　「か」：かっこよくて
　「い」：イケメンで，
　「ま」：前向き
　「さ」：さわやか，
　「み」：みかんが大好き，
　「ち」：ちょっとだけ面白いギャグを言う

　他の学年やクラスで飛び込み授業をする時も，こういった自己紹介をしま
す。どの学年でやっても印象に残るようで，ろう下で会うと，「フレッシュ
でイケメンの先生だ～」とか，「みかんが好きな先生だ～」みたいに言われ
ます。もちろん，担任するクラスの子ども達もよく覚えています。

T：ということで，改めてよろしくお願いします！
C：（最初より元気な声で）よろしくお願いします！
T：さて，健康観察をします。みなさんの名前をフルネームで呼びます。

呼ばれたら「はい」と大きな声で返事をして，健康状態を教えてく
　ださいね。
　　あかさか　しんじさん！（例）
Ｃ：はい，元気です。
Ｔ：野球が好きでボール投げが得意なんだったね。よろしくお願いしま
　　す。

　事前に調べておいた情報をもとに，一言ずつ声をかけていきます。そして，
一人ずつに「よろしくお願いします」と声をかけます。これは，「あなたの
担任の先生ですよ」というメッセージを伝えるためです。
　整理すると，１回目の「よろしくお願いします」は，クラス全体の担任と
して，次の「よろしくお願いします」は，一人ひとりの先生としてあいさつ
をしていることになります。

【２時間目：共通の約束をつくる】
Ｔ：私は，始業式の時の様子を少し離れて見ていました。さすが４年生
　　ですね。始業式で，みなさんの素敵なところを３つ見つけました。
　　１つ目は静かに待てていたところ，２つ目は目を見て話を聞けてい
　　たところ，３つ目は「はい」と言ったりうなずいたりして反応しな
　　がら話を聞いていたところです。
　　こんなすてきな姿を見せてくれたみなさんです。これから１年間，
　　とてもすてきなクラスになりそうな予感がしています。

　新学期の子ども達は「がんばろう」という気持ちが高まっています。その
姿があらわれている場面を認めます。教師側のがんばってほしいと思ってい
る内容と子どもの姿が重なるように認められると効果的です。

Ｔ：では，１時間目にみなさんがんばりましたので，２時間目はみんな

でゲームをして楽しみましょう！
C：イエーイ！

新幹線ゲーム
・先生の右手が新幹線で，上下に動く。
・先生の左手はトンネルで，動かない。
・右手と左が重なったら，子ども達は手を叩く。
・最初は簡単に，途中でフェイントを入れると盛り上がる。（重なる直前に
　とめる）
・最後は全員ができて終わりにする。

T：みなさん上手でしたね。上手にできたのは，みなさんがよく見てい
　　たからです。「よく見る」と，いろいろなことができるようになり
　　ます。「よく見る」ということを大切にしていきましょう。

　ゲームが終わったら，そのゲームを通して教師が伝えたかった価値を伝え
ます。楽しみながら伝えた方が，理解が深まると考えるからです。

お願いじゃんけん
・「おねがい勝ってね，じゃんけんポン」と言ったら，教師に勝つようにじ
　ゃんけんの手を出す。
・「おねがい負けてね，じゃんけんポン」と言ったら，教師に負けるように
　じゃんけんの手を出す。
・「おねがいあいこね，じゃんけんポン」と言ったら，教師とあいこになる
　ようにじゃんけんの手を出す。

T：みなさん，先生のお願いにこたえてくれて，ありがとうございまし
　　た。みなさんは，聞き上手ですね。「よく聞く」と，相手のことが

分かるようになります。これからも「よく聞く」を大切にしていきましょう。

拍手リレー
・前の人が拍手をしたら次の人が拍手をする。
・最後の人が拍手をするまでの時間をはかる。
・1回目よりもタイムが縮まったら，みんなで喜ぶ。

T：タイムが縮まった後，みんなが「イエーイ」と喜んでいました。みんなでできるようになると，とても楽しいですね。これから難しい勉強がでてきても，心と力を合わせて取り組んでいきましょう。
C：はい！
T：そして，みなさんが楽しくゲームをできたのは，約束を守ってくれたからです。それと同じで，みなさんがこれから教室で楽しく過ごすためには，約束が必要です。私がみなさんに守ってほしいと思っている約束を3つ言いますね。
　1つ目は，「時間を守る」です。
　2つ目は，「物を大切にする」です。
　3つ目は，「自分のことも相手のことも大切にする」です。
　みなさん，楽しく生活するために，この3つを約束してくれますか？
C：はい！
T：ありがとうございます。安心してください。今みなさんは，よく見たり聞いたり力を合わせたりすることができました。だから，きっとどの約束も守れます。さぁ，もうすぐ休み時間です。一緒に遊びませんか？
C：イエーイ！

春休み

4月

5〜7月

夏休み

9〜12月

冬休み

1〜3月

【3時間目：見通しをもたせる】

T：これから教科書や手紙などをたくさん配ります。「物を大切にする」
　　という約束を守って，前の人から後ろの人に回してください。その
　　ためには，前の人は後ろの人を見ながら「はい，どうぞ」。後ろの
　　人は，前の人を見ながら「ありがとう」と言ってください。また，
　　両手で物を持って渡してくださいね。

　物の渡し方に関する目標と方法を具体的に伝えます。ここでは，速さより
も丁寧さを認めます。また，「これから○○を配ります。」と言ったり，途中
で「ここまでで5冊配りました。全部ありますか？」と確認したりすると，
子ども達も安心して行うことができます。

T：学級通信に今週の予定や持ち物，課題などが書いてあります。学級
　　通信を見て，明日からの持ち物を準備してくださいね。
　　最後に，明日の朝，学校に来てからやることを伝えます。
　　名札ケースはこれです。朝休みのうちに名札をつけてください。
　　もし，おうちの人が連絡帳にコメントを書いていた場合は，このか
　　ごに連絡帳を出してください。体育着や給食着などは，ろうかフッ
　　クの自分の番号の所にかけましょう。
　　明日の朝は，みなさんの自己紹介をクイズで行います。好きな食べ
　　物，好きな休み時間の遊び，好きな勉強を紙に書いてもらうので，
　　考えてきてください。

　物の置き場の確認や朝の予定を伝えることで，生活の見通しをもたせます。
そして，時間に余裕をもって終わらせて，笑顔で送り出します。

【放課後】
　初日の様子について記録します。もし，欠席している子どもがいる場合は，

電話をします。本人と話せる場合は，短時間でも声を聞けるようにします。

（3） こうなった

> 「家で，子どもが先生の自己紹介を何回も言ってました。」

　懇談会の際に保護者の方から言われたことがあります。楽しそうな先生だと思ってくれたのでしょう。そのような子どもの姿は，保護者との信頼関係を深めることにもつながります。

　私は，初日の学級通信に学級開きで話すことを書いておきます。それは，保護者にも私の考えを伝えることで，少しでも安心してもらうためです。

まとめ

　学級開きの目標は，安心感をつくることである。そのために，子ども達が次の2つを感じられるようにする。

1，「4年生は（も）がんばるぞ」という実感。

　　→教師は，物の置き場や適切な行動様式を丁寧に繰り返し教える。

2，「自分を大切にしてくれている」という実感。

　　→教師は，一人ひとりの存在や取り組む姿を認める。

自己紹介ゲーム

（1） こう考える

　子ども達が互いにかかわるきっかけをつくるために，楽しく仲間のことを知る機会を設ける。

　　　　　【つながる力を引き出す道筋②：子ども達のかかわる量を増やす】

　自己紹介を通して，相手のことを知ったり，互いに話すきっかけをつくったりしたいと考えています。特に，共通な好きなものを見つけると，会話を始めやすくなります。また，自己紹介をクイズ形式で行うと，楽しみながら集中して話を聞くので，効果が高まります。

（2） やってみる

・紙を配って，「名前，好きな食べ物，好きな遊び，好きな勉強」を子どもが書く。
・紙を回収して，名前は言わずに，好きな食べ物から順番に言っていく。
・誰のことか分かったら手を挙げて，名前を解答する。

　前もって好きな○○を言っておくと，子ども達が考えてくるのですぐにゲームの準備ができます。上記の３つ以外にも，学校の中の好きな場所とか，好きな言葉とか，いろいろなお題が考えられます。また，紙ではなく，タブレットを使ってアンケートをとる方法も考えられます。

　実施する時は，教師が順番に読み上げていきます。クラスの人数が多い場合は，一度に全員分をやるのではなく，分けて行うことも考えられます。私は，２日目の学活で実施していましたが，その時間で終わらない分は，朝の会のミニゲームとして行っていました。ただし，内容が自己紹介なので，な

るべく1週間以内で終わるように調整していました。

（3）　こうなった

> 「○○○○（ゲーム名）が好きなの？　今度一緒にやろう。」

　自己紹介ゲームが終わった後の休み時間，上記のような会話が聞こえてきました。それまであまり会話をしたことがなかったようですが，これをきっかけに遊ぶようになったようです。

　私も知っている人が誰もいない外部の研修に行った時に経験があります。最初は話しかける相手がいなくて，休憩時間を1人で過ごす時があります。しかし，何かのきっかけで，共通の知人，趣味などを知ると，ホッとして会話ができるようになります。それは，その空間の中で，心理的な自分の居場所を見つけることができたからなのでしょう。

　子ども達も同じです。共通の話題が見つかると会話が始まります。特に，ゲームやアニメ，アーティストなど同じ趣味をもっている仲間を見つけると，喜びます。

　自己紹介ゲーム後は，今までかかわりがなかった子ども同士で話す姿が多く見られるようになります。

まとめ

　共通の話題が見つかると，かかわるきっかけが生まれる。

4 当番システム

（1） こう考える

　子ども達が当番活動を迷わずにできるようにするために，やり方を一つ一つ決める。

【つながる力を引き出す道筋②：子ども達のかかわる量を増やす】

　当番活動とは，「学級生活が円滑に運営されていくために，学級の仕事を全員で分担し，担当する活動」とされています。（国立教育政策研究所, 2018）全員で仕事するので，どんな分担があって，どのように行うのかをはじめに共通理解しておくことが大切です。分担や方法が理解されることで，教室の共通の行動が１つ生まれ，お互いに助け合いがしやすくなります。

（2） やってみる

・前学年でどのようなシステムで活動してきていたかを前担任から聞く。
・それをもとに，当番システムの素案を春休み中に考えておく。
・それぞれの学級で大事にされていたことや良かったこと，課題などを聞く。
・それを踏まえて，私の考えてきた当番システムのやり方と意図を伝える。
・やり方を確認しながら修正していく。今後も修正の可能性はある。

　教師の在り方で意識したのは，共に考えるスタンスです。教師の考えも出しますが，子ども達の意見を反映させながら，修正を加えていきます。次に示すのは，ある年の当番活動の仕組みです。

【日直当番システム例】

ねらい

- ・1人で司会をしたり，全体の前で話したりする力をつける。
- ・時間を意識して行動する力をつける。

活動の種類

- ・クラスが時間と場の切り替えをするための活動。
- ・援助したり援助されたりして役割の責任を全うする活動。

決め方

- ・名前順の輪番で1人ずつ行う。
- ・当番日に欠席の場合は次の人が行う。
- ・欠席した人は，次に登校した日の次の日に行う。

　1人で日直をやらせる場合は，あまり仕事が多くなりすぎないようにしています。帰りの会に「グッジョブ！日直さん」のように，日直の仕事を労う時間を設けることもあります。

【給食当番，生活当番システム例】

ねらい

- ・給食や授業などがスムーズに行えるようにする。
- ・助け合って分担された仕事を行えるようにする。

活動の種類

- ・全員が安心・安全に過ごす場にするための活動。
- ・援助したり援助されたりして役割の責任を全うする活動。

決め方

- ・1人ずつの役割をグループ毎に輪番で交代する。
- ・全員がさまざまな仕事を経験できるようにする。

春休み

4月

5〜7月

夏休み

9〜12月

冬休み

1〜3月

Aチームが給食当番の時は，Bチームが生活当番とします。1週間で給食当番と生活当番が，入れ替わります。2週経つと，当番の仕事が1つ左にずれます。中央の空欄には子どもの名前が入ります。

給食当番	大食缶	小食缶	ご飯・パン種	食器	牛乳・ストロー・牛乳パック洗い	おぼん	果物デザート	配膳台	先生の給食
A									
B									
生活当番	ならばせ	手紙	健康観察簿	黒板		電気	窓	時間割	点検

【清掃当番システム例】

ねらい
　・生活場所の衛生環境を維持する。
　・助け合って分担された仕事を行えるようにする。
活動の種類
　・全員が安心・安全に過ごす場にするための活動。
　・援助したり援助されたりして役割の責任を全うする活動。
決め方
　・大まかな役割をグループ毎に輪番で交代する
　・詳細の役割はグループで話し合って分担する。

　4年生くらいからは，私は子ども達で役割分担を決めるようにしています。各分担場所の人数とそうじ手順は示しておきます。進んで取り組める子は，そうじの準備時間からどんどん始め，遅れてきた子は準備ができ次第始めるようにします。困っている人がいたら進んで助ける姿を認めます。そして，教師も一緒にきれいにすることを楽しみます。

（3） こうなった

> 「ぼくが右側を消すから，Ａさんは左側を消してくれる？」

　黒板当番になった子ども達が分担をしていました。当番表の名前は，番号順で作っていました。この２人は，普段あまり話さない子ども達です。しかし，"黒板当番"という共通の仕事があることで，かかわり合いが生まれたようです。

> 「私が汁物を配るから，代わりに配膳台をやってくれる？」

　給食着を忘れてしまったため，汁物を配る仕事ができない子どもがいました。その時に，配膳台の役割だった子どもが言った言葉です。当番の役割と方法を共通理解しているため，急きょの役割変更をすることができるのです。
　声をかけた子は，仲間をよく見ていたため，困っている仲間を見つけられたのでしょう。

まとめ
　当番システムが機能すると，自然と子ども達のかかわる機会が増える。

【引用文献】
・国立教育政策研究所『みんなで，よりよい学級・学校生活をつくる特別活動（小学校編）』2018年

春休み

4月

5〜7月

夏休み

9〜12月

冬休み

1〜3月

聞き方指導

（1） こう考える

　子ども達が互いに関心をもって話を聞くスキルを身に付けるために，あいづちの仕方を教える。

　　　　　【つながる力を引き出す道筋②：子ども達のかかわる量を増やす】

　教師と子ども達が雰囲気づくりの価値を共有するために，認め合いの仕方を教える。

　　　　　【つながる力を引き出す道筋③：子ども達のかかわる質を上げる】

　効果的な聞き方をクラスの共通の約束にすることで，お互いが安心して話せる環境をつくります。そうすることで，子ども達がかかわる量を増やし，相手が気持ちよく話せる雰囲気づくりが大切だということを共有します。

（2） やってみる

　以前，同じ職場の先生方と，かかわり方のモデルとなる掲示物を作りました。（次ページ参照）私はその資料を使って教えています。こういったスキルは，一度や二度教えたからといって身に付くものではありません。繰り返し指導して，できていたら認めるということが大切です。そのため掲示物は，教室に常掲していました。

　教師の在り方で意識したのは，教師自身の言動をモデルとすることです。"聞いている態度"を教師が積極的に示すようにしました。

「みとめ合い名人」

「あいづち名人」

私は，あいづち名人が定着するための工夫として，次のような指導を行っていました。

T：お互いのことを認め合えると，気持ちがよくなります。また，聞き方によっては，人をいい気分にしたり嫌な気分にしたりすることがあります。

T：そこで，「あなたの話を聞いているよ」ということを態度で示すことが大切です。そのコツをまとめてきました。（あいづち名人を見せる。）

T：今から，先生が話をします。あいづちをうちながら聞いてくださいね。

T：私は，昨日回転ずしのお店に行きました。
C：お〜！
T：前にも言ったように，お寿司が大好きなのです。
C：あ〜！　なるほど。
T：そこで，私は50皿食べました。
C：え〜すごい！
T：という，夢の話でした。
C：なんだよ〜。

　他にも，私の職場の仲間は次のようにして，定着をはかっていました。

・あいづちをした時に「今使えたね。」「今のあいづち，いいよね。」とフィードバックする。
・学級活動や国語科の話し合い活動，体育のチーム活動などで積極的に使う。
・あいづち名人をみんなで練習してから，朝のスピーチを行う。
・「休み時間バージョン」「家バージョン」「給食バージョン」「掃除バージョ

ン」など，いろいろな場面のあいづち名人を考えた。

・初めは，おおげさに行うことを推奨した。

（3） こうなった

> 「おお〜なるほど。」「いいね，その意見。」

　普段の授業において，ほとんど発言しない男の子がいました。

　ある日，その子が学級活動（後で紹介するクラス会議）でお楽しみ会の内容を話し合っている時に，そおっと控えめに手を挙げたことがありました。

　司会は見逃さずに，すぐにその子を指名しました。そして，その子の発言が終わった途端に，あちこちから上記のようなあいづちが出たのです。

　男の子は，ちょっと照れくさそうに，微笑んでいました。その後，学級活動の時は，その男の子が少しずつ発表するようになりました。1年間経った時には，ほとんどの話し合いで発表することができました。

　あいづちを通して，自分の意見が周りから認めてもらえるという安心感を少しずつもてたようです。

まとめ

　まずは，教師がモデルとなって聞いていることを態度で示す。
　繰り返し指導して，できたら認めて，時間をかけて定着させていく。

すき間時間のミニゲーム

（1）　こう考える

子ども達が教師に親しみやすさをもてるように，楽しい時間をつくる。
【つながる力を引き出す道筋①：信頼される教師になる】

子ども達同士がかかわる機会を増やすために，ミニゲームをたくさん行う。
【つながる力を引き出す道筋②：子ども達のかかわる量を増やす】

　年度当初は，教師も子ども達も緊張しています。まずは，安心できる雰囲気にすることが大切だと考えます。その際，効果的なのがミニゲームです。ミニゲームは楽しくできます。また，授業のすき間時間で実施できると，子ども達はちょっと得した気分になるようです。特に，学期始めはたくさん行って，「楽しいな」という雰囲気をつくることが大切です。

（2）　やってみる

　ミニゲームやアイスブレイクなどの実践は，多数の情報が発信されています。ここでは，私がよくやっていたミニゲームを2つ紹介します。教師の在り方で意識したのは，教師が一緒に楽しむということです。

【わたしは誰でしょう？ゲーム】
・教室の中にある物を1つ選び，教師がそれになりきる。
・子ども達は質問をして，教師が何になったかを当てる。

C1：それはどんな形ですか？
T　：まるいです。

C 2 ： どんな色ですか。

T 　： 周りが銀色です。中は白ですが黒い線の模様がたくさんあります。

C 3 ： 時計！

【じゃんけん連続勝ち選手権】

・5分間，教室内を自由に歩き回ってじゃんけんをする。

・同じ相手とじゃんけんできるのは，1回だけ。

・時間内で，一番連続勝ちができた人が優勝。

＊この後に，じゃんけん連続負けを実施するとさらに盛り上がる。

（3） こうなった

> 「先生が一番楽しそうですね。」

　ろうかを通りかかった管理職から言われた言葉です。「ちょっとした時間でも楽しもう！」「遊びは楽しいんだ！」と思って教師が実践すると，子ども達にもその様子が伝わります。すると，子ども達同士で，どんどんかかわってゲームをしていきます。

まとめ

　教師が遊びを純粋に楽しむことが楽しい雰囲気をつくって，子ども達同士のかかわる機会を増やす。

春休み

4月

5〜7月

夏休み

9〜12月

冬休み

1〜3月

7 授業のミニネタ

(1) こう考える

子ども達が学びの過程で互いにかかわる機会を増やすために，楽しく学ぶ雰囲気をつくる。

【つながる力を引き出す道筋②：子ども達のかかわる量を増やす】

子ども達が学習にポジティブな感情をもてるようにするために，楽しく学ぶ雰囲気をつくる。

【つながる力を引き出す道筋③：子ども達のかかわる質を上げる】

日々の授業を通して，「つながる」ための楽しい雰囲気をつくることも大切です。もし，担任外であったとしても，クラスの様子を見て，45分間の中に雰囲気づくりの時間を取り入れることが大切だと考えます。

(2)-1 やってみる〈社会科　クイズ・地名あて〉

４年生の社会科には，「47都道府県の名称と位置を理解する」という内容があります。そのため，授業の最初10分程度を使って，地図帳を使ったゲームを行います。教師が地名を言って，その場所をグループで協力して探す活動です。

最初に，教師がお題となるページを一瞬だけ開いて見せます。時間にして，0.1秒くらいです。子ども達は，「え〜，全然見えな〜い」と言いながらも，グループで相談してページを決めます。この時点で盛り上がります。正解したグループは，１ポイント獲得です。黒板に得点を記録していきます。

教師が，「第１問…さいたま市」と言うと，子ども達は探し始めます。見つけると，「はい！」と言って挙手をして，教師が黒板に点数を記録します。

最初に見つけた班は4点。次の班は3点。その次の班は2点。それ以降は，制限時間内に見つけられたら一律で1点とすることが多かったです。見つけたら同じ班の子に場所を教えて，みんなが分かる状態にします。

　問題は，少しずつ難しくしていきます。細字や小さい字で表記されている地名にしていきます。終盤はスペシャル問題として，配点を変えて逆転の可能性を残しておくと盛り上がります。また，ゲームを始める時に，索引の使い方を指導し，活用できるようにしておきます。

　教師の在り方として意識したのは，点数の低い班には，一生懸命探している姿勢を認めたり，聞く姿勢に対してボーナスポイントを配点したりするということです。また，早く見つけられた班には，「グループで話し合ったら，早く見つけられたね。」や「見つけた場所を教え合っていてすてき。」など，声かけします。

(3)-1　こうなった

　ゲームの回数を重ねていくと，次のような会話が出てきます。

C1：ページを分担して見つけない？　私は31ページを見ようかな。
C2：いいね〜じゃあ俺は32ページを探すね。
C3：31ページの方が量が多いから，私も31ページを見るね。
C4：俺は，さくいんを使って調べようかな。難しい地名だった時に，さくいんは便利だからね。
C全：よし，がんばろう！

　ゲームを通して探す場所を分担したり，見つけた場所をグループ内で教え合ったりして，子ども達のかかわる機会が増えます。また，見つけた時の喜びが共有されます。両手を挙げて喜んだり，ハイタッチしたりする姿も見られました。

春休み

4月

5〜7月

夏休み

9〜12月

冬休み

1〜3月

（2）-2　やってみる〈図工　教室ミュージアム化〉

　図工は，子ども達が感性や想像力などを働かせて，表現したり鑑賞したりできるようにしたいと考えています。そのため，私は教室を「○○ミュージアム」という設定にして，授業を行っています。ミュージアム感を出すために，ちょっとした小道具を用意したり，先生とは別人の館長を演じたりして授業をしています。

　私は，図工の前の休み時間に必ず職員室に戻ります。それは，別人に"変身"するためです。私には，双子の弟「深井まさみちお」がいて，○○ミュージアムの館長で，図工の時間だけ新幹線に乗って特別に来校しているという設定になっています。

　もちろん，初回でうそだとばれます。それでも構わないのです。4年生の子ども達は，図工の時間を「特別な時間」と感じてくれるからです。

　私が職員室に戻ると，何人もの子ども達が職員室の前で，にやにやして待機しています。私は名札を入れ替えて，髪の分け目を微妙にずらして，ろうかに出ます。すると，

C 1 :「深井先生はどこに行ったんですか？」
C 2 :「何時の新幹線で来たんですか？」

など，満面の笑みで質問が来ます。教室に入る時は，

T :「みなさん，1週間ぶりですね！　元気でしたか？」

と言って，入ります。最初の数分は，館長への子ども達からの質問タイムです。1年間やっても意外と飽きないものです。

　その後，"専門家"として作品づくりの手順やポイントを伝え，作品づく

りが始まります。館長の仕事は，ひたすら良さを見つけることです。作品づくりの途中では，必ず互いの作品の良い所を認め合える場面を設定します。また，鑑賞の場面では，美術館を開館するという設定で，「鑑賞マナーを守りながら多くの作品をいろいろな角度から眺めましょう。」と呼びかけます。

　教師の在り方として意識したのは，作品の良さを見つけるモデルを示すことです。子ども達一人ひとりは芸術家です。芸術家は，自分の感性を信じて，自分のありのままに表現するものです。失敗を恐れずに取り組み，どの個性も認めようという雰囲気づくりを心がけました。

（3）-2　こうなった

> 「この絵の具の染みが，芸術的！」

　A君は，制作中に筆から絵の具が垂れてしまって，意図しない所に絵の具の染みができてしました。A君はそのことをとても気にしていたのですが，それを見ていたB君が上記の言葉を言ったのです。

　B君の言葉に勇気づけられたA君は作品を仕上げ，他の仲間からもたくさん称賛を受けていました。

　図工の時間は，他の授業以上に「失敗はない」「思い切りに」という雰囲気がつくられていたと思います。その雰囲気に後押しされてかわかりませんが，子ども達同士でポジティブな雰囲気の学びが行われた瞬間でした。

まとめ

> 　「楽しく学ぶ」「子ども達がかかわる」雰囲気づくりは，授業づくりにおける重要な要素である。

8 休み時間

（1） こう考える

　教師と子どもが楽しい気持ちを共有するために，子どもの興味ある遊びを一緒にする。

【つながる力を引き出す道筋①：信頼される教師になる】

　子ども達同士が楽しい気持ちを共有するために，自由に仲間とかかわる機会を保障する。

【つながる力を引き出す道筋②：子ども達のかかわる量を増やす】
【つながる力を引き出す道筋③：子ども達のかかわる質を上げる】

　休み時間は，授業中とちがった子ども達の一面が見られます。私も一緒に遊びながら，子ども達の様子を観察します。また，休み時間は子ども達が自由につながる機会です。その機会を保障します。

（2） やってみる

　4年生は，教師と遊ぶことが好きな子どもが多いので，教師から全体によびかけて遊ぶ機会をつくることもあります。そうすると，遊びの輪に入りにくい子どもも，仲間とかかわる機会をもつことができます。

　もし，レク係ができたら，子ども達に企画を任せることもできます。係の子ども達が，アンケートをとって遊ぶ内容を決める姿も見られました。

　4年生は外遊びの好きな子ども達が多いですが，室内遊びが好きな子ども達もいます。それを考慮して，私は休み時間を教室で過ごすこともあります。

　読書が好きな子どもには，読んでいる本の内容を教えてもらいます。アニメが好きな子どもには，お勧めのキャラクターを教えてもらいます。また，

1人で過ごす子どももいます。1人で過ごすことが好きならばちょっと話しかけて様子を見守ります。もし，うまく周りとつながれないのだとしたら，私を通して周りの児童とつなげることもあります。

　教師の在り方で意識したのは，つながるグッズを用意しておくことです。例えば算数やクイズ好きな子には，謎解きの本を。アニメ好きな子には，名札の裏に入れておいたキャラクターの絵を。また，あえて教師が少し離れて，全体の様子を観察することもあります。

（3）　こうなった

> 「ねえねえ，そのパズル一緒にやろう。」

　休み時間ずっと1人でいる子どもがいました。私が話しかけてもあまり反応はありませんでした。その子は学習にもあまり意欲が見られなかったのですが，算数には少し興味があるように感じました。そこで，算数パズルの本を見せて話しかけてみました。興味があったみたいで私と一緒に解きはじめました。

　すると，上記の言葉のように，周りの子達が集まってきて輪が生まれました。それから少しずつ周りの子と話す姿が見られるようになりました。

まとめ

> 教師と児童のつながりをつくりたい時は，積極的にかかわる。
> 児童同士をつなげたい時は，教師がそのきっかけをつくる。
> 児童同士のつながりを期待する時は，少し離れた立ち位置で見守る。

春休み

4月

5〜7月

夏休み

9〜12月

冬休み

1〜3月

9 学級通信

（1） こう考える

保護者が教師の見方や考え方にふれる機会をふやすために，教室の雰囲気をできる限り伝える。

【つながる力を引き出す道筋①：保護者から信頼される教師になる】

私が学級通信を出す一番の目的は，担任と保護者がつながることです。普通は，授業参観・懇談会と個人面談くらいしか，直接顔を合わせる機会がありません。もし，それ以外に話すとしたら，トラブルが起こった時が多いのではないでしょうか。

久しぶりに話す内容が，大きなけがやいじめのことでは気が重くなります。しかし，日頃から保護者の方と関係が築けていれば，少し話しやすくなります。それは，保護者の方にとっても同じです。日頃から保護者とつながる意識をもっておくことが，子どもが安心して過ごせる環境をつくることになるのです。

（2） やってみる

学級通信を出すことを学年の先生に伝え，一緒に取り組まないかと誘ってみます。今までの経験上，学級通信を出すことに戸惑いや不安を感じる先生方が多いです。出し続けられるか心配だからです。

そんな時，私は「お互いに写真をたくさん撮って，写真を中心に発行しませんか。」と提案します。子ども達の様子の写真をたくさん使うと，学年の先生も週１くらいで無理なく出すことができます。また，保護者も喜びます。私は，学年の先生方となるべく歩調を合わせたいと思っているので，週１～２枚程度で，両面印刷で発行することが多いです。

私が学級通信に載せていたのは，日々の教室の様子や子どもががんばっていたことです。日々の授業の様子は，学級活動の話し合いの様子を詳しく伝えることが多かったです。それは，子ども達が協同している様子がよく分かるからです。それ以外にも，私の教育に対する考えを発信したり，連絡事項を載せたりしています。

日々の学級通信

教師の在り方で意識していたことは，同じ子どもの記事ばかり掲載しないようにしたことです。そのため，学級通信に掲載した子どもの回数と内容を名簿にメモしていました。4年生は自分の名前が掲載されると，とても喜びます。（高学年の場合は，様子を見て載せるかどうか決めています。）

　他の子の名前が掲載されている学級通信を読んで，「先生，ぼくも配り物のお手伝いをしていました〜。」と，話しかけてくれる子どももいます。そんな時は「ありがとう！」と伝え，掲載回数が少なかったら次号で名前を掲載するようにしていました。もし，掲載回数が多い子だったら，個人面談や電話をした際などに伝えるようにしていました。

　また，掲載回数の少ない子どもの名前を手帳にメモしておくと，私の意識がその子どもに向くので，児童理解が深まりました。

（3）　こうなった

> 「学級通信を楽しみにしています。」

　保護者は，学校の様子をなかなか知ることができません。そのため，教師が積極的に子ども達の様子を発信すると，保護者は「先生は，子どものことをよく見てくれている。」と思えるようになります。これが，保護者との関係づくりでとても効果的です。上記のように声をかけてくれる保護者の方もいます。

　学級通信は，教師と子どものつながりにも良い影響があります。自分の名前が載っていると，「先生は自分のことを認めてくれている。」と感じます。

> 「Aさんが，配り物をしていたんだ〜。」

　子ども達同士のつながりにも良い影響があります。学級通信を読むと，仲間の新たな一面に気付くことがあるようです。それが仲間とかかわるきっか

けにもなります。

> 「Bさんは，自分から進んでそうじをしているんですね。」

　学級通信は，学年団の教員をつなぐツールにもなります。先述したように，私は学年の先生を誘って学級通信を発行しています。そのため，お互いのクラスの様子を頻繁に写真撮影しています。また，お互いの学級通信も読みます。そうすることで，お互いのクラスの様子がよく分かるようになるのです。

　そして，学級通信は，自分の振り返りツールにもなるのです。学級通信を書くことは，日々の出来事を言語化することです。放課後やすき間時間に，少しずつ作成することが多いです。作っていると，自分が今どんなことに注目していて，何が見えていないのかということが分かってきます。

まとめ

学級通信には，教師と保護者がつながる大きな効果がある。
さらに，それ以外にも様々なつながる効果がある。

・保護者とつながる：子どもを大切にしてくれるという感覚をもつ
・児童とつながる：先生が認めてくれるという感覚をもつ
・児童同士がつながる：仲間の新たな一面を知る
・学年の先生とつながる：児童理解の機会になる
・自分自身とつながる：振り返りの時間となる

春休み
4月
5〜7月
夏休み
9〜12月
冬休み
1〜3月

⑩ 授業参観・懇談会

（1）　こう考える

保護者と教師が喜びを共有するために，子ども達の成長を感じられる機会を設ける。

【つながる力を引き出す道筋①：保護者から信頼される教師になる】

懇談会は，担任と保護者がつながる場だと考えています。学校の様子を分かりやすく伝えたり，担任の考え方を伝えたりするようにしています。保護者の方の意見をうかがう場にすることもあります。

また，保護者同士がつながるきっかけとなる場にもなります。保護者同士は，お互いに知らないことが多いです。多くの保護者同士は，あまり話したことがないです。少しでもお互いが知り合う機会にしたいと考えています。

（2）　やってみる

①ミニゲームでアイスブレイク

教室で行ったゲームと同じものを保護者の方にも体験してもらいます。懇談会の最初に行うことで，雰囲気が和みます。ミニゲームを通して，保護者同士の交流が生まれます。

②スライド写真や動画

撮りためた写真を使って，スライドショーにします。そして，エピソードや子ども達の成長を伝えます。その時の担任の気持ちも伝え，保護者の方と様子を共有できるようにします。詳しく伝えたい時は，動画を見せます。

③子育て講座

　子どもの発達や子どもとのかかわり方について話します。保護者にとって役に立つ情報を伝えることで，教師が保護者に寄りそう姿勢を見せます。

　また，保護者同士でロールプレイをしたり感想を伝え合ったりすることもあります。保護者同士の交流が生まれます。私が今まで懇談会で話した講座は次のような内容です。

・子どもを勇気づける７つの方法　・みんなで「安全基地」を増やそう
・○年生の心の発達

　教師の在り方で意識したのは，家庭と学校で一緒に子どもの成長を見守っていくという姿勢です。子どもの成長を見守る同志という気持ちでいました。

（3）　こうなった

> 「初めて懇談会で拍手をもらいました，びっくりしました。」

　３年目の先生から言われました。子育て講座を予定している時はスライドと台本を作って，学年の先生方の前でプレゼンしています。そして，気に入ってもらえれば，全クラスで使います。この先生は，講座後に保護者といろいろな話ができたようで，初めて懇談会で達成感をもてたと言っていました。

まとめ

　子どもの成長を視覚的に伝えて，保護者が「時間を割いて，懇談会に参加してよかった」と思えるようにする。

11 教師の在り方

（1） こう考える

　教師が子どもの安全基地になるために，「認める，喜ぶ，見守る」の姿勢でいる。

【つながる力を引き出す道筋①：信頼される教師になる】

　教師が安全基地となることによって，子どもは「つながるエネルギー」を養います。つながる相手はクラスの仲間だけにとどまりません。各授業の課題と自分自身をつなげることも大切です。算数の問題が難しくてあきらめそうになった時に，先生が励ましてくれたり，仲間が助けてくれたりしたら，最後まで取り組む勇気が出てくるかもしれません。

（2） やってみる

　以前，職場の先生方と子ども達の意欲を引き出す教師の言動について，考えたことがあります。その際，「先生に言われて嬉しかった言葉や行動」について全校児童にアンケートをとりました。多かった回答が以下の通りです。

・ありがとう　・がんばっているね　・君だからできた
・あなたならできる　・えらいね　・やればできる　・よくできた
・がんばったね　・ハイタッチ　・上手だね　・すごいね
・その調子　・グレート　・前よりうまくなったね
・いつでも相談して　・笑顔　・大丈夫だよ　・うなずき
・こうするといいよ　・がんばって　・あともう少し　・やってみよう

　これらをもとに，子ども達を勇気づける教師の基本的な姿勢と言葉をまと

めて，「勇気づけの極意」という資料を作りました。国語，体育，学級活動，生徒指導の各場面で作りました。（以下は，生徒指導バージョンです。）

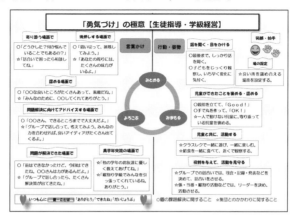

さいたま市立大宮小学校の校内研究で作成した「勇気づけの極意」
教職員で対話を重ねて「教師の在り方」について研究しました。

（3） こうなった

「勇気づけの極意」をもとに，毎年全教職員が「勇気づける言葉」を考え，その言葉を吹き出しに書いて持ち，写真を撮ってパネルに掲示していました。パネルは玄関付近に掲示し，作成した吹き出し（第3章第5節2項の写真を参照）を教室やろうかに掲示している教職員が多かったです。

> **まとめ**
>
> 子どもを勇気づける教師の姿勢
> 　「存在をみとめる」「成長をよろこぶ」「活動をみまもる」
> いつも心に『愛・ことば』
> 　「ありがとう」「できたね」「だいじょうぶ」

【引用文献】
・さいたま市立大宮小学校　研究冊子「本気手帳2014-2019」2019年

Column 1 心に耳を傾けて学ぶ

❖ 未熟な教師

　私が学び続けるのは，過去のいくつもの失敗があるからです。

　そのうちの１つを話します。それは教職２年目，６年生の担任の時でした。当初は，６年生に抜擢されたという自負，そして感動する卒業式をつくるぞと意気込んでいました。そして，私の中で勝手につくられていた「最高学年」というイメージ。最高学年は「こうあるべき」という思い込みがとても強かったのです。読者の皆様もお分かりの通り，そういう時はうまくいきません。

　勝手な理想を思い描いていた４月，自分のイメージしていた子ども達とのギャップに戸惑いました。それでも４月は子ども達も私の様子を見ています。

　そして，ゴールデンウィーク明け。うまくいかないことが増えてきました。私も苛立ってきて，「６年生としてはずかしくないのか。」と言ってしまったことがあります。しかも何度も。ここから，雪崩を打つように一気にクラスが崩れていったように思います。

　そんな時，ある女子に言われた言葉が今でもずっと心の中に残っています。

> 「先生，もっと話を聞いた方がいいよ。」

　その時は，言葉の意味がよく分かりませんでした。私は，聞いているつもりだったからです。しかし，後々その言葉がじわじわと効いてきました。「あっ，話を聞いていなかったんだ。」と。

> 「私が聞けていたのは，子ども達の言いたかったことではない。」

　自分の聞きたいことしか聞いていなかったなと思いました。つまり，子ども達の心の声に耳を傾けることができていなかったということです。

　やっと子ども達の反抗的な態度の意味が分かったような気がしました。一度，断ち切れてしまったつながりを結び直すことは難しかったです。途中でもうだめかと思ったこともありました。しかし，多くの先輩教員のサポートのおかげで，何より子ども達のおかげで卒業式を迎えることができました。

　数年後，偶然卒業した子どもに会う機会がありました。休みの日に職員室で仕事をしていたら，急に土砂降りの雨が降ってきて，ふと校庭を見たら卒業生がびしょ濡れでいたのです。声をかけて雨宿りできる場所に招き，タオルを渡して近況についてしばらくおしゃべりしました。いい時間だったなと思います。

> 何気ないおしゃべりやそれができる関係が必要だった。

　その時，私は感じました。そして当時，こういうことができなかったことを謝りました。謝られても困ったでしょうが，子ども達は子ども達で楽しくやっていたという話も聞けて，少し救われた気持ちにもなりました。その時から，子ども達と少しずつ向き合うことができるようになったと思います。

　こういった経験に向き合うことは，正直，恥かしいことでもあります。しかし，向き合った時にこそ成長できる気がします。

　「恥」という字は，耳に心と書きます。しっかりと自分の心の声にも耳を傾け，失敗から学んでいきたいと思っています。

3 子ども達同士のかかわる量を増やして質を高め，課題解決の経験をする

5〜7月

1 5月〜7月の「つながる」戦略

　ゴールデンウィーク明けは，生活リズムが乱れている子どもがいるかもしれません。時間が空いたので，忘れてしまった約束もあるかもしれません。

　そのため，生活や学習の約束，当番システムなどをもう一度確認する必要あります。子ども達をよく観察して，変化に気付くことが大切です。教室環境にも気を配って，掲示物がはがれたりいたんだりしていないか確認します。

　この時期は，子ども達のかかわる量を増やしながら，感情レベルの結びつきができるように質も意識していきます。そして，各教科等や学活で課題解決する機会を設け，目標，学び，感情などを共有できるようにします。

2 継続した教師との信頼関係づくり

（1）　こう考える

　教師が子どもとの信頼関係を保つために，コミュニケーションを意識する。
【つながる力を引き出す道筋①：信頼される教師になる】

　6月は，いじめが増えたり荒れが見られたりする時期だと言われます。5月半ばから学校行事や教員の研修が増えてきて教師に余裕がなくなると，注意することが増えて，教師と子どもの信頼関係が崩れることがあります。すると，教師の影響力が落ち，クラスが乱れやすくなります。だからこそ，

日々の信頼関係の維持や強化が大切なのです。

（2） やってみる

　仲間に対して強い口調で指摘するＡさん。６月に入って，仲間の失敗をからかったり，手を出したりするようになりました。注意していましたが，その繰り返しでした。私が少し距離を置くようにすると，Ａさんの言動はより激しくなったり反抗的になったりしました。しかし，Ａさんをよく観察してみると，仲間とうまくつながれていないことに気付きました。私との関係も希薄になってきたため，より強いかかわり方をしているようでした。

　私は，他者に危害を加えることには毅然とした態度で臨みましたが，Ａさんとかかわる時間を意識してとるようにしました。例えば，休み時間に一緒に遊んだり，私のお手伝いを意図的に頼んだりしました。授業中に少しでも学習にかかわるつぶやきがあった時は，全体の前で取り上げ，それを授業の進行に生かしました。また，Ａさんの学習をサポートすることも大切でした。苦手な所を把握して，家庭学習の仕方をアドバイスしました。

（3） こうなった

　その後，少しずつＡさんの顔つきが柔らかくなってくるのを感じました。Ａさんをよく見て，抱える困難に気付き，その解消に向けて支援したことで，崩れかけていたＡさんとの信頼関係を持ち直すことができたのです。

> **まとめ**
>
> 　信頼関係は小さい承認の積み重ねである。「先生に見られている，大切にされている」という実感を子どもがもてるようにしていく。

春休み

4月

5〜7月

夏休み

9〜12月

冬休み

1〜3月

3　係活動・プロジェクト活動

（1）　こう考える

　子ども達がポジティブ感情を他者と共有するために，得意分野で活動できる場を設ける。

　　　　　【つながる力を引き出す道筋③：子ども達のかかわる質を上げる】

　自分の強みを生かした活動をすることで，ポジティブな感情を増やして，それを共有できるようにしていきます。

（2）　やってみる

　係活動もプロジェクト活動も目的は同じです。自分の強みを生かして，学校生活をより楽しく豊かにすることです。私は，設置期間や所属条件で，係活動とプロジェクト活動を使い分けています。

　係活動は，常設です。また，全員がいずれかの係に所属します。学期ごと，もしくは前期と後期に分けて，所属する係を変えます。

　それに対して，プロジェクト活動は，期間限定です。2日で終わることも1か月続くこともあります。係と兼務可で，行いたい人が取り組みます。

　全員が参加する係活動は，以下のようにして決めます。

ねらい
　・自分の強みを生かして他者貢献し，相手も自分も幸せになる。
活動の種類
　・クラスが今よりもっと楽しく幸せになるための活動。
　・自分の好きや得意を生かせる活動。

決め方
- ・自分がやりたい仕事や貢献できる仕事を考えさせておく。
- ・同じ仕事，似た仕事でグループをつくる。
- ・助け合いができるように2人から5人程度で1つの係をつくる。
- ・人数が多い場合は，仕事内容を具体的に出して2つに分けられないか検討する。1人の場合は，他の係との連携ができないか考える。

　係活動は，内容もメンバーも継続性がある所が良い点です。じっくりと活動に取り組むことができます。一方で，プロジェクト活動は，フットワークが軽い所が良い点です。必要な時に，やれる人が集まって，取り組めばよいのです。目的達成のために，両方の良い点を生かすことが大切です。

（3）　こうなった

　実際に4年生でつくられた係やプロジェクト活動を紹介します。
- ・自分からチャレンジ係：楽しくチャレンジできるいろいろな種類のイベントを企画していました。校庭の遊具を使ったサスケコンテストは反響が大きかったです。係の子ども達は，応援のプロでした。
- ・OMU（お笑いマジック歌）係：係のコンセプトは「みんなを笑顔にしたい」でした。給食の時間に一芸を見せてくれました。一番笑顔だったのは係のメンバーでした。その笑顔につられて，仲間も笑っていました。
- ・コーチ歓迎プロジェクト：地元のサッカーチームのコーチが一緒に給食を食べることになった時，プロジェクトが立ち上がりました。チームの応援歌をみんなに教えたり，歓迎の流れを考えたりしてくれました。

まとめ

　「強みを生かして，他者を笑顔にできた」経験が，他者とポジティブな感情を共有する機会となる。自尊感情の高まりにもつながる。

4　問題解決する授業づくり

（1）　こう考える

　　子ども達が授業で共有体験するために，問題解決過程のモデルをつくる。
　　　　【つながる力を引き出す道筋④：課題解決で共有体験する場を設ける】
　　　　【つながる力を引き出す道筋⑤：問題解決で共有体験する場を見守る】

　日々の授業の中において問題解決することで，仲間と共有体験する機会を
多くもてるようにします。そのような授業を行うための学習過程やポイント
を意識することが大切です。
　私は，問題解決の前に，課題解決の段階があると考えています。他者から
与えられた課題を助け合って解決する中で，子ども達は傾聴や多様な見方な
どの問題解決スキルを身に付けます。また，感情レベルの結びつきを強化し
ていきます。そして，課題解決の経験を積み重ねることで，現在の姿と目標
とする姿のギャップに気づいて自分から進んで問題を発見したり，課題を設
定したりできるようになると考えます。

（2）　やってみる

　私は，子ども達がつながって問題解決する学習過程を次のように考えてい
ます。

課題を理解する→〈個人で向き合う⇔協同・協働して学ぶ〉→個人で確か
める→振り返る

　私は，この学習過程の中で「協同」と「協働」の両方を使っています。
（私の協同と協働の捉え方は，第2章第2節4項で示した通りです。）

この学習過程では，最初に個人で課題に向き合った時，協同しながら「できる状態」を増やしていき，そこで身に付けた力を発揮して，目標達成のために協働したり再び個人で向き合ったりすることを考えています。

　算数の授業ならば，基本問題を助け合って解いて，全員が解けるようにする。そして，個人で練習問題に取り組む。もし，練習問題が解けなかったら再び協同してから，一人で再チャレンジするという学び方です。

　そして，赤坂（2017）の「アクティブ授業づくりのチェックリスト10」を基本形として，私は職場の仲間と一緒に，「授業づくりのポイント10」をまとめました。これは，各教科等で共通して取り組める内容となっています。学級の実態や教師の特性，各教科等の特性等を考慮して，具体的な手立てを講じたり，それに伴った勇気づけ（教師の支援）を行ったりすることが大切です。

【学習場面：課題を理解する】

	ポイント （主語：教師）	解説
1	学習内容に適したアウトプット（行動表記）型課題を設定する	一単位時間のねらいを言語化，可視化，行動化して，学級の児童全員が「学習課題（＝ゴール）」を理解できるような表現にする。そのために，(1)学習内容をよく確認する。(2)「〜○回できるようになろう」や「〜について説明しよう」など考えたことをアウトプット（行動）できる課題表記にする。
2	課題達成に向けて児童が協同・協働の必要性を理解する場を設定する	本学習において，つながり助け合う必要性を伝え，それを子どもたちが理解できるようにする。つながり合う必要性については，日常的な生活や学習の中で伝え続けることが大切である。

【学習場面：個人で課題に向き合う】

3	個人学習（思考・作業）の時間を設定する	かかわり合う前に，個人で取り組む時間を設定して，一人一人が考えをもてるようにする。

【学習場面：協同・協働して学ぶ】

4	児童同士で個人学習の内容を伝える場を設定する	他者に自分の考えを伝える場を設定する。その際，全員が順番に発表できるようにして，発言の対等性を確保する。
5	児童同士で課題を解決する場を設定する	他者と話合いや相談，作業を通して，答えや新たな考え，課題を見つけ出す場を設定する。多様な見方（長所と短所の指摘，結末の検討など）をして，最も妥当な選択肢（最適解）を選べるようにする。
6	協同・協働前にかかわり方の目標やルールを提示し，活動中に望ましい姿を認め，協同・協働後に確認する	協同・協働前に「何のために何をするか」などの目標や方法を明確に示す。活動中は，望ましい姿を取り上げたり認めるような声かけをしたりする。協同・協働後にそれが「できたか」を確認する。かかわり合う学習のルールとして，認め合い名人やあいづち名人を活用する。

【学習場面：個人で確かめる】

7	個人で課題を達成する場を設定する	かかわり合ってできたことが，個人で達成できるかを確かめる。練習問題を解いたり，個人で課題解決に取り組んだりする場を設定する。

【学習場面：学習を振り返る】

8	学んだ内容や協同・協働の良さを振り返る場を設定する	学習内容と学習方法の2つの視点の振り返りを設定する。振り返りの視点を示したり，発問したりする。（発問例「分かったことはなんですか。」「達成できたのは，誰のどんな行動があったからですか。」）
9	課題達成状況を確認して児童の学習の様子について勇気づけを行う	学習課題ができたかどうかを確認し，児童が「できたこと」を実感して，達成感をもてるようにする。児童の学習の様子について，「勇気づけの極意」をもとに教師が意味付け，価値付け，勇気づけを行う。
10	課題達成ができなかった児童をフォローアップする	できなかった子がいた場合のフォローアップの手立てを用意し，全員の学習課題達成を目指す。時間内にできなかった子がいた場合の手立て（宿題・個別指導・次時に復習など）も用意する。

学び合う時間
1　やってみて困ったら助けを求める。 2　助けを求められたらそれに応じる。 3　困ってそうな人がいたら声をかける。 4　相手がどんなことを助けて欲しいのかを考える。 5　１人でやりたいときは１人でやっていい。 6　時間内の全員の課題達成を目指す。

上の図は，学び合う時に示す掲示物です。一人で取り組むことを保障しつつ，他者に関心をもつことも求めています。

教室内に，「助けて」「いいよ」「ありがとう」が増えると，温かい雰囲気の中で学習できるようになります。

私は，日々の教科指導の中で，他者に助けを求める「援助要求スキル」を高めることも大切にしています。援助要求する力と援助要求を受け止める力の両方があると，つながりやすくなるからです。そして重要なのは６です。「全員の課題達成」が目標になることで，１から５の必要性が生まれます。そのためには，生活の中で協同の喜びを積み重ねていくことが大切です。ミニゲームでも，そうじでも，簡単な問題でも構いません。「全員でできると，より嬉しい」という感覚が増えると，６の価値が伝わりやすくなります。

（3）　こうなった

算数の授業の振り返りを紹介します。はじめは，Ａさんの振り返りです。

「今回は友達に教えてもらいました。教えてもらったおかげでよく分かりました。次は教えられるように復習したいです。」

そして，次時のＡさんの振り返りです。

「友達に教えることもできたし，教えてもらってよく分かったし，自分一人でじっくり取り組むこともできてよかったです。じっくり考えて理解できました。」

協同を通して，個人で取り組んだり協働したりする力を身に付けたことがわかります。次のＢさんの振り返りからは，できた喜びが伝わります。

「チャレンジ問題で，自分で表を作って求められるくらい力がついていることに気づいて，うれしかったです。」

また，次のＣさんの振り返りからは，日々の授業が人間関係の「つながり」の場になっていることが分かります。

「いつもとちがう仲間と説明し合えたので，次も，まだいっしょにやったことがない人に話しかけたいです。」

まとめ

集団としての学びを高めつつ，個人の学びを深める。そのために，問題解決過程において，協同・協働を繰り返す。

【引用文献】
・赤坂真二・他『授業をアクティブにする！365日の工夫　1年～6年』明治図書，2017年
・さいたま市立大宮小学校　研究冊子「本気手帳2014-2019」2019年

春休み
4月
5～7月
夏休み
9～12月
冬休み
1～3月

子ども達がつながる授業場面

（1） こう考える

　子ども達が日々の授業で共有体験するために，学習上の課題解決する場を定常的に設ける。

　　　　【つながる力を引き出す道筋④：課題解決で共有体験する場を設ける】

　前項の授業づくりのポイントを意識した4年生体育・ポートボールの授業を紹介します。授業のねらいは以下の通りでした。

・自分のチームの攻め方の課題を知り，それを克服するための練習方法を選ぶことができる。

・仲間の良い動きや作戦を認めて，仲間と協力して運動することができる。

（2） やってみる

　授業のねらいにむけて，前項で示した授業づくりのポイントをもとに，次のような工夫をしてみました。

・技能のめあてを明確にした運動〈授業づくりのポイント1，2，3，7〉

　各運動の技能のめあてを明確にすることで，やることを明確にしたり助け合ったりしやすくなります。回数の伸びや時間の変化を記録して，練習の成果を感じられるようにします。

・選択制チーム練習〈授業づくりのポイント4，5，10〉

　単元後半の練習時間は，チームごとに練習内容を選択して行えるようにします。その際，チームの課題を考えてから，その解決のために練習内容を選択できるようにします。また，試行錯誤できる時間を確保します。

・チーム内ホットタイム〈授業づくりのポイント6〉

　　ゲームに出ていない時はプレーしている人の良い動きを見つけるようにします。ゲーム後，良い動きを共有することで，友達に認めてもらったという感覚をもてるようにします。

・学級全体ホットタイム〈授業づくりのポイント8，9〉

　　技能の高まりや学び方の工夫について，学級全体で振り返る場面を設けます。特に，他チームの良い動きをお互いに伝え合うことで，ポジティブな感情を全体で共有できるようにします。

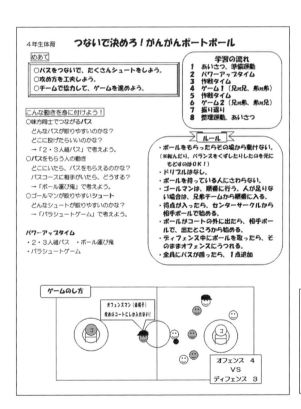

体育プリント

　　Ｂ５サイズ１枚で作成します。学習の流れやポイントを示します。Ａ４判のノートに貼り，気づきや振り返り，作戦の図などをノートに書けるようにします。

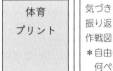

春休み

4月

5〜7月

夏休み

9〜12月

冬休み

1〜3月

パラシュートゲームのめあて
○正かくにシュートをき
　められるようにしよう。
○ボールを上手にとれる
　ようにしよう。

ボール運びおにのめあて
○どこに動いたらパスが
　もらえるのか知ろう。
○どうしたら相手をかわす
　ことができるのか知ろう。

ポートボール・パワーアップタイム					
	/	/	/	/	/
パラ	点	点	点	点	点
運び	点	点	点	点	点
パラ	点	点	点	点	点
運び	点	点	点	点	点
パラ	点	点	点	点	点
運び	点	点	点	点	点
パラ	点	点	点	点	点
運び	点	点	点	点	点

パワーアップタイムに関する掲示物

　パワーアップタイムの運動のねらいを上記のように示しました。また，パワーアップタイムの動きを点数化し，ゲーム要素を加えました。点数は，表に記入し，自分のチームの伸びや課題を見つけられるようにしました。

（3）　こうなった

　単元の後半では，子ども達が自分から進んで課題解決する姿が見られるようになってきました。

　最初に示すのは，パワーアップタイム時の子どもの言葉です。

「ボールがつながらないから，ボール運び鬼をしよう。」
「今日はゴールマンだから，ボールをキャッチする練習をしよう。」

　個人やチームの課題を明確にもち，その解決のための練習を選んでいます。また，チーム練習ですので，課題と解決方法を仲間と共有していることが分かります。次に示すのは，振り返りの場面です。

「○○さんのボールキャッチがうまくなったね。すごい！」
「今日は全員がボールを触れて，よかった。うれしい！」

　他者やチーム全体が，がんばったことを積極的に認めています。そして，発言者自身が喜んでいる様子が伝わります。

　他者を認めることで，他者はポジティブな気持ちになります。しかし，それだけでなく，認めた人もポジティブな気持ちになるのです。教師がいなくても全員が発言をし，意見交換する様子が見られました。がんばったことを認められる場，チームに貢献したことを確認できる場となりました。

　このような場があると，子ども達の感情レベルの結びつきが強くなります。

　また，下の言葉は，振り返りで次時の練習方法に対する提案が出された場面です。

「チームでパス練習をする時間をください。」

　クラス全体で行っていたパス練習もチーム練習でやりたいという提案でした。そのため，単元後半はチーム練習の時間を増やしました。課題解決できる場を確保して共有体験を重ねることで子ども達はつながり，問題解決への主体性が出てきたように感じます。

まとめ

　課題を明確にして協同して解決できる場があると，感情レベルの結びつきが強くなり，問題解決の主体性が引き出される。

春休み

4月

5〜7月

夏休み

9〜12月

冬休み

1〜3月

6 クラス会議を導入する

（1） こう考える

　子ども達が日々の生活で共有体験をするために，生活上の問題解決する場を定常的に設ける。

　　【つながる力を引き出す道筋④：課題解決で共有体験する場を設ける】
　　【つながる力を引き出す道筋⑤：問題解決で共有体験する場を見守る】

　クラス会議とは，子どもが自分達で話し合い，クラスの問題や個人の問題を解決していく会議です。クラス会議とは，アドラー心理学に基づいた活動で，「共同体感覚」の育成を目的としています。この共同体感覚には，様々な解釈があって，はっきりとした定義はありませんが，他者への関心を高めることは一つの要素だと言えます。クラス会議では，民主的な話し合いが行われ，ネルセンら（2000）は「人生のあらゆる領域で成功を収めるために必要不可欠なスキルと態度を教える」場だとしています[1]。

　また，クラス会議を導入することで，クラスの雰囲気が良くなり，子どもの自主性が高まり，教師と子どもの信頼関係も増していくと言われています。

（2） やってみる

　私は，学級活動の時間に週1回，45分間かけてクラス会議を行っています。それ以外にも，朝活動の10～15分を利用して，短時間のクラス会議も週1～2回ほど行っています。私のクラス会議指導は，赤坂（2014）をもとにしています[2,3]。45分間の会議では，主にクラス全体にかかわる議題を取り上げます。また，短時間の会議では，個人の悩みに関する議題を取り上げます。詳しくは，7項・8項を御覧ください。

　私の周りでは，多くの先生方が子どもの雰囲気の良さや問題解決意欲の高

まりなどを実感し，クラス会議を一緒に取り組むようになりました。（前任校と現任校で校内研修の中核として取り組んでいます。）校内研修では「先生たちのクラス会議」にも取り組み，教師間のつながりを育む場にもなっています。全校体制で行うと，年度が変わっても継続した指導ができたり，クラブや委員会活動で進んで問題解決する子ども達の姿が見られたりします。

　教師の在り方で意識しているのは，自分達で決めて自分たちで行動した価値を認めることです。また，継続して行うことを大切にしました。

（3）　こうなった

　全校体制で実施している時，先生方にアンケートを行いました。継続してクラス会議を行う効果を実感されていました。その一部を紹介します。

・子ども達が注意の仕方，言い方などに気を付けるようになった。
・友達の発表へのうなずきや同意・共感を素直に表現するようになった。
・「○○さん，こんにちは」と，相手意識をもって挨拶をしていた。
・クラブ活動で，上学年は下学年にやり方を教えていた。下学年も上学年に遠慮することなく，活動を楽しんでいた。
・縦割り活動で，主担当の子どもが欠席しても，同学年のメンバーで協力して進めていた。他学年の迷惑にならないように考えて行動していた。

まとめ

　クラス会議の場で，他者への関心を高め，問題解決の共有体験をする。

【引用文献】
1　ジェーン・ネルセン，リン・ロット，H・ステファン・グレン著，会沢信彦訳，諸富祥彦解説『クラス会議で子どもが変わる　アドラー心理学でポジティブ学級づくり』コスモス・ライブラリー，2000年
2　赤坂真二『赤坂版「クラス会議」完全マニュアル』ほんの森出版，2014年
3　赤坂真二編著『いま「クラス会議」がすごい！』学陽書房，2014年

春休み・4月　5〜7月　夏休み　9〜12月　冬休み　1〜3月

お悩み相談会

（1）　こう考える

　子ども達が互いの気持ちに寄り添う経験を重ねるために，悩みを相談できる機会を定常的に設ける。

　　　　　【つながる力を引き出す道筋③：子ども達のかかわる質を上げる】

　私は，個人のお悩み相談の時間を大切にしています。それは，仲間の気持ちに寄り添ったり，自分に寄り添ってもらったりすることで，つながる喜びを感じられるからです。「みんなが自分のために考えてくれた」という感覚をもつことで，人とつながる意欲が湧きます。

（2）　やってみる

　10〜15分のクラス会議で，個人のお悩み相談会を行っています。

1　輪になって，提案者が議題を提案（悩みを相談）する
2　周りの子ども達が質問をする
3　解決策をたくさん出す
4　提案者が実践できそうな解決策を選ぶ
5　気持ちを伝え合う

　お悩み相談会の時に私が子ども達に伝えるのは，次のようなことです。
・思いついたことは何でも言おう。
・人の話は最後まで聞こう。
・人の話は全部「いいね」と認めよう。
・アイデアをたくさん出そう。

解決策を出す前に質問タイムを設けることも重要です。相手の思いをはっきりとイメージし，寄り添った解決策を提案しやすくなるからです。私は質問したことを板書に残しています。また，問題となっている場面をロールプレイすることもあります。

〈実際に話し合った個人の議題例〉

・兄弟げんかが多いが，どうしたらいいか。

・宿題を忘れないためには，どうしたらいいか。

・通学班の低学年が言うことを聞かないが，どうしたらいいか。

（3）　こうなった

> 　ある日，「友達がふえるためにはどうしたらいいか。」というクラス会議を行いました。解決方法がむずかしく，はじめはパスしたけれど，みんなの意見を聞いて，「なるほど。」と思い，自分の意見を発表しました。そうしたら，そのアイデアを活用してくれました。次の日，どうだったと提案者に聞くと，
> 　「うまくいったよ。」
> と答えてくれました。友達の役に立ててよかったと思いました。

　これを書いたのは，授業であまり発表をしない子どもでした。しかし，お悩み相談会を通して，他者に寄り添って問題解決する喜びを感じたようです。

まとめ

　定常的に悩みを相談できる場があることは，安心感を与える。
　仲間に寄り添ったり寄り添われたりする経験が，感情を結びつける。

8 クラスの問題解決

（1） こう考える

　子ども達が「自分たちのクラスは自分たちでつくる」という意識をもつために，生活上の問題解決を委ねる。

　　　【つながる力を引き出す道筋④：課題解決で共有体験する場を設ける】
　　　【つながる力を引き出す道筋⑤：問題解決で共有体験する場を見守る】

　問題が起こった時，私は単に指導で終わらすのではなく，生活づくりの主体者にするチャンスだと考えています。子ども達は，クラスの問題を自分達で解決する経験を通して，「自分達の学校は自分達でつくる」という意識をもちます。そして，そのために仲間とつながる必要性を感じるのです。私は，クラス会議を通して，それらを引き出しています。

　昔からコミュニティの中で困ったことがあれば話し合いで解決してきました。家庭で行う家族会議，地域で行う自治会活動と同じ考え方です。

（2） やってみる

　45分間のクラス会議で，クラス全体の問題解決を行っています。

輪になってコンプリメントの交換
前回の議題の振り返り
議題の提案と決定，議題への質問
解決策を集めて，比較検討する
解決策を決める
話し合いを振り返る
実践する

実際に話し合ったクラス全体にかかわる議題は次のようなものです。

〈作る活動〉

・学級目標を作ろう

・運動会で一人ひとりがヒーローになる係を作ろう

〈集会活動〉

・係や代表委員ありがとう集会を開こう

・１学期がんばったね集会を開こう

〈生活の問題を解決する活動〉

・給食の「ごちそうさま」の時間が遅れないために，どうしたらいいか。

・長縄大会で記録を伸ばすためには，どうしたらいいか。

　教師の在り方で意識したのは，どんな解決策でも認めることです。また，うまくいかなければ，再度話し合って試せばよいという気持ちが大切です。

（3）　こうなった

　「水道の蛇口が上を向いていることが多いが，使い終わった後に下に向けるには，どうしたらいいか。」という議題について，３回話し合ったことがあります。最初の解決策は，「一人ひとりが気をつける」でした。しかし，問題は解決しませんでした。そこで，２回目の話し合いが行われ，「ポスターをつくる」という解決策になりました。しかし，それも効果はあまりありませんでした。そして，３回目の話し合いの解決策は，「朝の会と帰りの会で日直が呼びかける」でした。この解決策によって，問題が解決しました。

　１か月かかりましたが，自分達で解決したという自信になったようです。

まとめ

**　問題解決する経験を重ねて，協同性や主体性を引き出す。**

学級目標・キャラクター

（1） こう考える

　子ども達が年間を通して問題解決する拠り所をもつために，学級の目指す
姿を可視化する。
　　【つながる力を引き出す道筋④：課題解決で共有体験する場を設ける】

　目指すクラスの姿を可視化することで，問題解決の方向性が定まります。
また，目標を共有することはチームになるための条件の一つでもあります
(川上，2019)。学級の目指す姿を言葉だけでなく，キャラクターでもあらわ
すのは，学校生活の様々な場面で意識するためです。係活動や集会活動の掲
示物，学習プリントなどに学級のキャラクターがいることで，常に学級目標
が連想されます。

（2） やってみる

　私が学級目標をつくるのは，5月の連休明けです。キャラクターをつくる
のは6月頃です。まず，準備段階として，4月中に次のことを行います。

・学級開きの教師の願いの語り
・保護者の願いアンケート（懇談会できくか，Forms アンケート）
・子ども一人ひとりの願いアンケート

　1回目の話し合いでは，アンケートをもとに，学級目標の方向性をいくつ
かのキーワードであらわします。
　そして，2回目の話し合いで，学級目標を決めます。キーワードをもとに
募集した学級目標の案について，良い所を考えたり，共通点を見つけたりし

ながら，案をしぼっていきます。

　私は，集団決定で大切なことは，「どの意見に決まっても納得できるというところまで話し合いをすること」だと考えます。話し合う中で一つの案に合意形成されればよいですが，時間は限られています。そのため，話し合いが上記の段階まできたと，私も子ども達も感じられれば，多数決で集団決定をします。

　クラスのキャラクターについては，学級目標の言葉をもとにしてつくります。係活動や集会活動などで積極的に使えるように，"かきやすいもの"という条件にします。しかし，感覚はそれぞれ違うので，絵が苦手な人は得意な人に手伝ってもらってかければよいという条件にしています。

　教師の在り方で意識するのは，行事の振り返りで，「今日の行事は，○○○（学級目標）でしたね。」，生徒指導の場面で，「その行動は○○○（学級目標）だと思いますか。」と，学級目標を拠り所にしてフィードバックすることです。一人ひとりの意識がだんだん学級目標に向くようになります。

（3）　こうなった

　音楽会の本番前，クラスのキャラクターをかいた小さなカードを作って，みんなに「おまもり」として配布してくれた子ども達がいました。クラスのキャラクターが生かされ，みんなが温かい気持ちになった瞬間でした。

まとめ

　目標があることで，日々の活動に価値が生まれ，共有体験の質も高まる。

【引用文献】
・阿部利彦・赤坂真二・川上康則・松久眞実『人的環境のユニバーサルデザイン　子どもたちが安心できる学級づくり』東洋館出版社，2019年
　川上は，チームの条件に，①達成すべき目標の共有②メンバー間の協力関係③それぞれの役割の明確化④互いの立場尊重，をあげている。

春休み

4月

5〜7月

夏休み

9〜12月

冬休み

1〜3月

保護者連絡や相談を通してつながる

（1）　こう考える

教師と保護者が並ぶ関係になるために，気持ちに寄り添った対応をする。
【つながる力を引き出す道筋①：保護者から信頼される教師になる】

　保護者と教師のつながりは，子どもの成長に大きく影響します。保護者とつながれると，教師が子どもとのつながりを築きやすくなります。それは，教師と保護者が連携できていると，子どもはより安心して過ごせるからです。

（2）　やってみる

　私が意識したのは，子ども達の日常をあらゆる機会で発信することです。特に，良い部分に注目して発信するように心がけています。

　学級通信で発信すると，わが子以外の子ども達の良さも知ることができ，保護者がクラスの様子を知る参考になります。また，電話連絡をする際や校内ですれ違った際にも，子どもの良さを積極的に伝えます。

　どちらにしても，日頃から子ども達一人ひとりの良さを見つけ，記録しておくような準備が必要です。

　また，保護者に電話連絡する時は，時間に気をつけます。けがや体調不良の連絡は，日中すぐに行います。たとえ，すぐに早退する必要のない場合でも，早めに一報を入れておくことで，保護者も心の準備ができます。

　病院の午後の診察は，15時頃から始まって18時前までに終了するところが多いです。昼頃までに連絡できれば，仕事を早めに切り上げて午後の診療に間に合うように帰宅してくれる保護者もいます。日中は授業があるため，保健室の先生に電話連絡を依頼することもあります。

　電話連絡の際は，保護者の状況を確認してから，話を始めるようにします。

保護者は，運転中だったり仕事中だったりするかもしれません。次に示すのは，私の基本的な電話連絡の流れです。

〈電話連絡で心がけること〉
1　「今，お時間大丈夫でしょうか？」と，相手の状況を確認する。
2　「けがのことについて御連絡しました。」
　　「友達関係でお子さんにお話ししたことがあったので，御連絡しました。」など，連絡の主旨を伝える。
3　主語や目的語を明確にして，事実を伝える。
4　けがや体調不良の場合はこれまでの処置を伝える。
　　指導した場合は，教師が子どもに話した内容を伝える。
5　「家でもけがの様子をみてください。」
　　「家でもお子さんの話を聞いてみてください。」など，
　　保護者の方に，この後行ってほしいことを伝える。

　保護者から相談を受ける時は，以下のカウンセリング技法を生かします。

・受容　　　「うむうむ。」気持ちは分かるが，行為を認めるのではない。
・繰り返し　「〜（事柄）で，〜な気持ちなのですね。」
・明確化　　「お話を伺っていると，〜と思えるのですが，どうですか？」
・支持　　　「それは大変でしたね。」
・質問　　　「今日は話しましたか？」「どのような気持ちになりますか？」

　そして，「主訴を聞きとる」ことが重要です。ポイントは，保護者の方の立場に立つことです。教師から保護者へ問題状況を伝える場合は，「共に考える」寄り添った姿勢で話します。また，深谷ら（2007）をもとに，保護者が受け入れたくない話を聞く時の気持ちの変化を次のようにまとめました。

```
1  ショック：「どうして？」全く気付いていない場合もありますし，う
            すうす気付いている場合もあるかもしれません。
2  否認　　：「信じられない。」
3  悲しみと怒り：「なぜ起きたのか？」「どうしてうちの子が？」
            友達・先生・学校のせいと攻撃性が出てくる
4  適応　　：「ありのままとして受けとめよう。」現状を受容する
5  再起　　：「どうしたらよいか分かってきた。」一緒に成長を見守る
```

　保護者の気持ちは繰り返すので，４から３に戻ることもあります。教師が保護者対応で苦慮するのが，３の段階ではないでしょうか。４のステップにつなげるためには，焦らずに保護者との信頼関係を深めることが大切だと考えます。また，４から５へは適切なアセスメントや目標設定が必要です。

　これまでのことをもとに，教育相談の流れを以下にまとめました。

```
1  傾聴して共感する。保護者をねぎらう。（信頼関係を築く）
   「それは大変でしたね。」
2  具体的に子どもの様子を伝える（正確な実態把握）
   「～したいと思っているようですが，―してしまうようなのです。」
   そして，保護者の困り感を言語化する。（現状の共有）
   「きっとお子さんも～で困っていると思うんですよね。」
3  スモールステップで具体的に目標設定をする（手立ての共有）
   （時間・回数・道具・家庭と学校でできることを１つずつなど）
   「毎日，お子さんの良い所を１つずつ認めていきませんか。」
```

　保護者と困り感は共有しますが，最後まで困らせてはいけません。希望がもてるように目標設定もセットで行うことが大切です。

（3）　こうなった

T：Aさんは，いろいろな音が気になってしまうようで，授業の時イライラしてしまうことが多いようです。

　⇒「子どもが困っている」ことを切り口に話すこともあります。
　　事前に子どもの気持ちを聞く機会をつくっておくとよいです。

（家でも同じような様子が見られるようなら）

T：イライラする様子が見られるんですね。お話しいただきありがとうございます。○○さんが安心して過ごせるために，これから学校と家庭で，それぞれできることを考えていきませんか。

　⇒一緒に考えていきたいという気持ちを共有します。

（家ではそのような様子が見られないと言ったら）

T：学校でも習字や読書などの静かな時間は，イライラしないようです。

　⇒困り感のない場合は，客観的な様子を共有することを目指します。

> **まとめ**
>
> 　保護者とつながれると，よりよい子どもとのつながりを築ける。
> 　保護者が子どもの理解を深めると，子どもの安心感を高めることができる。

【引用文献】
・深谷久子・横尾京子・中込さと子・村上真理・藤本紗央里「先天奇形を持つ子どもの親の出産および子どもに対する反応に関する記述研究」『日本新生児看護学会誌 Vol13.No 2』2007年，pp.2-16

ポジティブな言葉と行動

（1） こう考える

　子ども達がポジティブな感情を共有するために，心が温かくなる言動を伝え合う場を設ける。

【つながる力を引き出す道筋②：子ども達のかかわる量を増やす】
【つながる力を引き出す道筋③：子ども達のかかわる質を上げる】

　子ども達が日常行動を通して感情レベルで結びつくために，心が温かくなる言動やその時の感情を伝え合う場をつくります。また，そういった言動を可視化して共有することで，他の子ども達へのモデルとします。

（2） やってみる

①ホットタイム

　帰りの会では，１日を振り返ってポジティブな感情に気付くようにします。
　子ども達は，友達関係でトラブルがあったり，勉強が思うようにいかなかったことがあったりするかもしれません。しかし，そのままネガティブな感情をもっていては，家に帰ってからも気持ちよく過ごせません。少しでもポジティブな感情をもつことが大切です。仲間のポジティブな感情を聞いて，それを共有することもいいです。
　また，各プログラムのネーミングを工夫すると楽しくなります。例えば，私は，今日の振り返りや良い所の発表は，「今日のホット」というネーミングにしていました。

②きらめきメール

　以前勤務していた学校では，感謝の気持ちを伝えたい子どもが，相手の名

前と内容を「きらめきメール」という紙に書いて掲示板に貼る取り組みを行っていました。掲示板は，校長室前で，よく子どもの姿が見られました。

　私は，きらめきメールの取り組みをもっと広げたいと考え，仲間の教員と相談して，掲示板を各学年のろうかにも広げることにしました。同学年へのメールは，ろうかの掲示板へ。他学年へのメールは，校長室前の掲示板へ貼ることにしました。きらめきメールは，きらめき賞とともに，学期末に相手児童の手元に届けられる仕組みとなっていました。

③○○しぐさ

　○○には，学級目標が入ります。学級目標に向けて行動する様子を○○しぐさとして，認定します。例えば，以下のようななものです。
・サッと拾い…ごみが落ちていたらサッと拾ってごみ箱へ，誰かの持ち物が落ちていたら，サッと拾って持ち主へ渡す。
・忘れず声かけ…持ち帰りの荷物が多い時に，「体育着がまだろうかにかかっているよ。」と，クラスに声をかける。
　学級目標に向けた具体的な行動を理解できるようにしていきます。

（3）　こうなった

　子ども達は認められることを喜びますが，中には他者の良さを見つけることに喜びを感じる子ども達も出てきました。"認められる"は受け身ですが，"認める"は主体的です。きらめきメールでは，クラス全員にメッセージを書く子どもが続出し，掲示板の更新が頻繁に行われるようになりました。

まとめ

　　日常的にポジティブな感情に気付いたり共有したりする場をつくる。

お祝いイベントの文化でつながる

（1） こう考える

　子ども達が他者と感情を結びつける機会を増やすために，みんなでお祝いできる機会を設ける。

　　　　【つながる力を引き出す道筋③：子ども達のかかわる質を上げる】

　がんばったことや嬉しいことなどがあったらお祝いをして，それをクラスの文化にしていきます。なぜなら，お祝いされている方も，お祝いをしている方も，楽しい気持ちになるからです。「楽しい」というポジティブな感情を共有することが，つながりの質を高めます。

（2） やってみる

①誕生日のお祝い

　誕生日の日は給食の時間に，"ハッピーバースデー"を歌ったり，牛乳で乾杯をしたりします。誕生日は，1年に1回，全員に平等にやってくる日なので，大切にしています。

　また，誕生日係を中心に1か月に1回，お誕生日会を開いていました。1回あたりの時間は15分でしたが，係が用意したバースデーカードを渡したり，ゲームをしたりして楽しみました。お互いに誕生日のお祝いをすることで，存在を認め合う雰囲気をつくります。

②目標達成のお祝い

　クラスみんなで目標達成をしたらお祝いをするようにしています。ある年は，"ありがとうポイント"を貯めて，きりの良い数字になったらお祝いをしていました。ありがとうポイントというのは，帰りの会で"ありがとうと

感じたこと"を時間内で次々と発表し，1回の発表を1ポイントとして貯めていくものです。通算のポイントを教室後方に掲示していました。

　1000ポイントや2000ポイントなど，大きな節目にはくす玉を作って，さらに盛り上げていました。目標に向かってみんなで協力する楽しさをつくっています。

手作りくす玉

春休み

4月

5〜7月

夏休み

9〜12月

冬休み

1〜3月

③学級目標に関するお祝い

　学級目標に関係することがあったらお祝いをします。例えば，学級目標が「チャーハン」だった時は，給食でチャーハンが出たら「今日は4年1組の日だ！」と言って，チャーハンを持ちながら写真を撮ってお祝いをしていました。

　学級目標が食べ物でなくても，学習や生活において学級目標に込められた思いをたくさん実現できた日は，「今日は○○の日だ！」と言ってお祝いをします。最初は教師が言っていましたが，そのうち子ども達から言うようになってきます。

　チャーハンが学級目標の時は，運動会で一生懸命な姿がたくさん見られたら「黄金チャーハン」，クラス会議の話し合いでより納得できる問題解決ができたら「絶品チャーハン」と言っていました。

④学期末のお祝い

　学期末にレクを行うクラスは多いと思います。クラス会議で話し合って，子ども達がやりたいことをやるようにしています。何をやっても構わないのですが，大切にしているのは，"おもい"です。

　ある年に行った「1学期がんばったね集会」では，宝探しとリレーを行いました。宝探しでは，最終的に全員が宝をもらえるような工夫がありました。リレーでは，チーム力を均等にするために全員に得意か苦手かを聞き，全員にメダルと賞状を作っていました。「最後にもう1回集会をして，全員で楽しみたいんだ！」という提案者の気持ちがあらわれていました。

　学期末のイベントは，次の学期へ気持ちをつなげる機会ともなります。

⑤お祝いカレンダー

　お祝いをした日の記録を教室に掲示しておきます。日付と写真を入れて残しておくと，子ども達の楽しかった記憶も強化されます。すると，「また，やってみたい」と思って，次につながります。

教師の在り方として意識したのは，教師自身が楽しむということです。積極的にお祝いをするきっかけを見つけて，短時間でもいいのでお祝いをします。イベントの輪に参加するのが苦手な子どもがいたら，最初はデジカメを渡して様子の写真撮影をお願いしました。写真係として参加することができ，うまくいけば自然と輪に入ることができます。

　また，お祝いイベントで使えそうなグッズを用意したり，グッズの作り方を子ども達に教えたりします。

（3）　こうなった

> 「黒板にメッセージを書きましょう！」

　地元プロサッカーチームのコーチが，小学校にサッカーを教えに来るイベントがありました。そして，コーチと一緒に給食を食べる機会がありました。

　上記の言葉は，それを知った子ども達から出てきたものです。私のクラスに来るコーチは，最近コーチになったばかりで，現役時代のプレーを知っている子ども達が多かったです。そこで，現役時代の応援歌を急遽みんなで練習し，黒板にメッセージを書いてお迎えしました。コーチは，とてもびっくりされ，時間ぎりぎりまで子ども達と一緒にいてくれました。「人を喜ばせたい」という気持ちが子ども達に浸透したのかもしれません。

まとめ

　お祝いイベントがたくさんあることで，他者の成功や喜びなどのポジティブな感情を共有しやすくなる。

春休み
4月
5〜7月
夏休み
9〜12月
冬休み
1〜3月

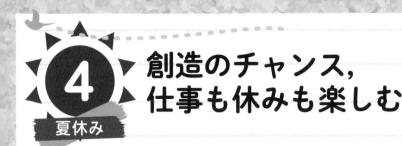

4 創造のチャンス，仕事も休みも楽しむ

夏休み

1 夏休みって何だろう？

　学校が夏休み期間中でも，教員の仕事はありますよね。だから，夏休みといっても，大きく2つの期間に分かれます。1つ目は，学校の仕事を行っている期間。2つ目は，仕事がない本当の休み期間です。

　まず，1つ目の学校の仕事ですが，これも学校内の仕事と学校外の仕事があります。仕事ですので，どちらも予定をよく確認して，しっかり行わなければなりません。

　次に2つ目の本当の休み期間ですが，これは言うまでもなく自分の好きなことをすればよいと思います。当たり前のことではありますが，好きなことをたくさんできると，心も体も休まります。

2 学校の仕事

（1）　校務分掌の仕事

　校務分掌によっては，様々な校内研修の主担当になることもあるでしょう。外部講師を呼ぶ場合は，1学期のうちから手配しておかなければなりません。また，先生方の貴重な時間をいただくことになります。担当する場合は，資料を用意したり，校内の連絡調整をしたり，できる限りの事前準備をしておくことが大切です。

　先生方の前で講師を務めることに，プレッシャーを感じる方もいらっしゃ

るでしょう。私もずっとそうでした。自分より先輩の先生方に向けて話すのは緊張します。しかし，やってみると，学びはとても大きいものです。もし，そういったチャンスを与えられたのなら，自分が成長できるチャンスがやってきたと思えばいいのです。苦しくも，前向きに楽しく取り組めます。

（2）　学年の仕事

　2学期以降の行事の準備や指導の方向性などについて，じっくり話し合うとよいです。目指す子ども像について，1学期にどういった面でそういう姿が見られて，これからどんなことを確認していかなければいけないのか，対話を通して明らかにしていきます。

　また，それぞれの教員には，日々不安に感じていたことがあったかもしれません。対話を通して，それらを率直に伝え合って共有し，学年団の教員で並ぶ関係にしていきます。感情レベルでの結びつきを深め，2学期の方針や役割分担など，課題解決をしていくことが大切です。

　夏休みの仕事期間は，日々の授業や生徒指導がないので，こういったことに十分時間を使うことができます。

（3）　出張の仕事

　夏休み期間中は，研修に伴う出張が多く入ります。研修に専念できる時間は貴重です。そして，研修の価値は，自分の臨む姿勢によって決まります。たとえ，あまり興味のない内容だったとしても，今後の仕事や生活に生かせることがきっとあるはずです。何事も"楽しむ"気持ちをもって取り組むと，きっと自分のためになります。

　また，他校の先生方と知り合う貴重な機会となります。今後，何かの機会で一緒に仕事をすることがあるかもしれません。研修や出張における出会いも大切にするとよいと考えます。

（4） 学級の仕事

　1学期を振り返って問題を見つけ，2学期の課題や解決の手立てを定めるための良い機会だと考えます。

　そのために，まず学級システムの点検をします。具体的には，「登校してから下校するまで，子ども達が自分達のやることを分かっている状態だったか。」という視点で振り返ります。

　もし，曖昧になっている場面があった場合，時間か物か対人関係かのいずれかで，きっと気になる部分が出てきているはずです。また，自分で気付かない部分もあると思うので，1学期末に子ども達にアンケートをとっておくことをおすすめします。例えば，「もっとクラスを良くするために，約束を確認したり話し合ったりした方がよい場面はありませんか。」とききます。そして，うまくいっていない部分があったら，夏休み明けに確認したり解決したりできるように準備します。

　次に，教師の在り方を点検します。私は，自分の心の中に，一人ひとりの子どもの居場所があるか確かめます。そのために，「子ども達の名前をランダムに思い出して，紙に書きとめる」作業を行っています。そして，思い出せない子どもがいないか確かめます。これは，赤坂（2017）の「学級機能アップチェックポイント20〜集団を育てるための定期点検リスト〜」を参考にして始めました。日頃から定期的に点検することをおすすめします。

　また，カリキュラム・マネジメントも行います。総授業時数や必要時数を知るために，年間行事計画や年間指導計画を見て，月ごとの各教科の計画時数を計算します。その後，それを考慮して，各教科の大まかな学習計画を作ります。この際に，他教科との関連をはかったり，重点単元を考えたりします。また，大きな行事のねらいを確認して，つながりを引き出すための課題と準備時数の設定を学年団で相談して行います。教師が時間や場，学習内容などの見通しをもつことで，子ども達は安心して仲間とつながって学習できるのです。

休み期間

　最初にも書いたように，自分の好きなことをすればよいと思います。

　もし，忙しい毎日を送っていて，"楽しむ"ということを忘れがちになっていたならば，休み期間は好きなことをたくさんして，"楽しむ"気持ちを取り戻すといいかもしれません。言い方を変えると，感受性を豊かにするということです。

　感受性が豊かな人は，ちょっとしたことでも感動します。感動することは脳の活性化にもつながると言われています。それは，日々の生活にも仕事にも，プラスになることだと思います。だから，私は感受性を豊かに保つことを，日々心掛けています。

　ちなみに，私は学生時代，自転車にテントや鍋を積んで日本全国を旅していました。毎日変わる景色，人との出会い，思わぬトラブル，刺激だらけの旅でした。だから，私は今でもあちこち出かけることが好きです。遠くに行くことはもちろん好きですが，近場でも知らない公園に行ってみたり，新しいお店に行ってみたりすることも好きです。最近は，本を読むことで刺激を受けています。人と会って刺激を受けることもあります。各種セミナーや勉強会に参加するのもおもしろいです。

> **まとめ**
>
> 　これまでの実践を点検し，夏休み以降の「つながる」戦略を創造する。そのために，様々な方法で感情を動かし，リフレッシュする。

【参考文献】
・赤坂真二『スペシャリスト直伝！　主体性とやる気を引き出す学級づくりの極意』明治図書，2017年

5 子ども達同士の感情レベルの結びつきを強化し，問題解決の経験をする

9〜12月

1 9月〜12月の「つながる」戦略

　夏休み前は，３年生の延長のような感じでしたが，夏休みをはさむと仲間意識が強まって，グループ化が見られたり陰口がでてきたりすることがあります。また，これまで定着してきた約束を忘れていたり，休み明けは生活リズムが崩れたりしている子ども達もいます。

　そのため，まずは教師との信頼関係や子ども達同士のかかわりを再点検し，課題解決で共有体験する場を設けます。そして，子ども達同士の感情レベルの結びつきを強化し，問題解決で共有体験する場をつくって，見守っていきます。

2 再スタート

（1）　こう考える

　子ども達が安心して再スタートできるように，温かな雰囲気をつくったり約束を確認したりする。

【つながる力を引き出す道筋①：信頼される教師になる】
【つながる力を引き出す道筋②：子ども達のかかわる量を増やす】

　夏休み明けの１週間は「再スタート」を意識することが大切です。夏休み明け初日から，子どもの様子をよく観察して，教師がもう一度一人ひとりの

子ども達とつながることを意識します。そして，子ども達同士が楽しくかかわる機会をつくっていきます。

（2）　やってみる

　私が，夏休み明けの再スタートで意識することは次の通りです。

・夏休み明けの子ども達を再アセスメント
・学級目標や組織，約束を児童と一緒に再確認
・普段話さない子ども同士の交流機会の再設定
・協同（協働）の価値や態度，スキルの再指導
・教師の在り方の再確認

　実際に私が行った夏休み明け初日の１日の流れを示します。

【登校時】

　昇降口で，「おはよう，○○さん」と名前を呼んで笑顔で迎えます。その時の私の格好は，クラスのキャラクターのかぶり物をしています。キャラクターのかぶり物は，夏休み中に手作りしています。段ボールと100円ショップの布や綿を使って作ります。布で作るのが難しい時は，画用紙にキャラクターをかいて段ボールに貼り付けたものをかぶります。

　この取り組みを始めたのは，残暑の中，重い荷物を持ちながら下を向いて歩いてくる子ども達が多いと気付いたからです。

> 「顔をあげてほしい。登校後，一笑いしてほしい。」

と思って，始めました。低学年，中学年には大うけです。高学年担任だと，くすっと笑われます。しかし，高い確率で顔があがって，目が合います。マンガのように二度見する子も必ずいます。

春休み
4月
5～7月
夏休み
9～12月
冬休み
1～3月

教室の黒板には，メッセージを書いておきます。「久しぶりに会えて嬉しい」「一緒に過ごす2学期がとても楽しみ」などの内容と，荷物を片づけるための指示を書いておきます。

クラスのキャラクターのかぶり物と
子どもを勇気づけるメッセージ

【朝の会】

まず，「今日，がんばって来ましたね！」と，夏休み明けに朝から登校したことを労います。そして，元気度を聞きます。

> 「手の挙げ方で元気度を教えてください。とても元気な人は，ひじをピンと伸ばしてください。半分くらい元気な人は，手を挙げる高さも半分くらいにしてくださいね。」

手の挙げ方は様々です。生活リズムが戻っていなくて眠そうにしている子もいます。習い事が忙しくて疲れている子もいます。たくさん休んできて元気いっぱいの子もいます。全体の傾向と元気がなさそうな子をチェックします。元気がなさそうな子には，あとで個別に声かけをするようにします。また，自分の苦しい状態を正直に出せる機会があることは，安心感にもつながります。

> 「手をおろしてください。教えてくれてありがとうございました。今日からまた少しずつみんなで過ごすリズムを整えていきましょうね。勉強も復習しながら始めていきますね。私は，みなさんに今日会えたことがとても嬉しいです。」

　学習面，生活面，人間関係面など様々な面で不安な気持ちをもって登校してくる子ども達もいます。このように語ることで，少しでも安心感をもてるようにしています。

【始業式・1時間目】

　はじめに校長先生の話を聞く学校が多いのではないでしょうか。

　私は，話の聞き方に関する「さすが」ポイントを見つけるようにしています。始業式の前に，「2学期最初の"認め合い名人，あいづち名人（第3章第2節5項参照）"を期待しています。」とだけ，掲示物を指さして端的に伝えます。そして，アイコンタクトしていたか，反応していたか（うなずき，あいづち，返事，あいさつなど），最後まで聞けたか，などを見ます。

　多少できていなくても全体に迷惑をかけていなければ，細かく注意せずに見守ります。途中で自分で気付いたり，周りの子に指摘されて直したりできれば，そのことを認めます。

　始業式後，できていたことをフィードバックし，今後の期待を伝えます。できていないことがあっても少しでもできたことを見つけて伝えることが大事です。始業式は2学期最初の授業です。気持ちよくスタートしながら，良い聞き方を想起させます。

　その後，4月の学級開きで教師が話した約束の再確認と学級目標の再確認をします。夏休みをはさむと意外と忘れているものです。キーワードは覚えていても，意味を忘れている子どもが多いです。私との約束はクイズ形式で想起させます。学級目標の意味は，1学期の具体的な場面をあげながら想起させます。このように，約束や目標の再確認を早い段階で行っていきます。

【2時間目】

　子ども達同士のかかわる機会をつくります。夏休み中，仲の良い子と会うことがあっても，教室の多くの仲間とは会っていないと思います。様子を見ながらですが，グループやペアで協力して取り組むゲームを行います。次に示すのはその例です。

〈鉛筆で以心伝心〉

・2人組で長めの鉛筆を1本用意します。

・2人が人さし指1本で，鉛筆をはさむようにして，鉛筆を宙に浮かせます。

・合図で1人が指を動かします。もう1人は相手の動きに合わせながら指を動かしていきます。

・息が合わないと鉛筆が落ちます。20秒程度落とさなければ成功です。

・役割を交代して行ったら，1回目が終了です。

・ペアを替えて行います。

〈超難問！2学期王〉

・班で協力して答えます。話し合いのポイントを伝えます。例えば，「認め合い名人，あいづち名人でお願いします。」

・お題は，「2学期は何日あるでしょうか。」「2学期に新しく習う漢字は何文字でしょうか。」「9月の体育の運動は何でしょうか。」など，2学期に関することにします。

・正解もしくは答えが近かった班にポイントを与えます。

〈違いこそ強み！どうする○組？〉

・他の班と答えが重ならなかったら1ポイントです。

・お題は，「時間割表にある科目といえば？」「深井先生のダジャレといえば？」などです。最初は選択肢があるお題にして，その後答えがたくさんあるお題にします。

・点数があまり入らなかった班は，「他の班と答えが重なることが多かったんだから，仲がいい！」と伝えます。

最後に，次のように伝えます。

> 「話し合いの約束がよくできていましたね。今のように，学習でも生活でも，助け合ったり違いを認め合ったりしながら問題を解決していきましょう。」

【3時間目】

新しいドリルを配って，ページを確認させた後，「最高の字で名前を書いてください。」と伝えます。また，手紙を配る時は次の子への渡し方をよく見て，丁寧にできている子を認めます。その後，翌日の連絡（時間割や持ち物）を伝えて，時間に余裕をもって終わらせるようにします。

【放課後】

提出物の確認をしたり保護者のコメントがある場合には読んだりして，夏休みの様子を知るヒントにします。**欠席した児童がいた場合は，電話連絡します。気持ちの面で欠席している場合は，保護者や本人から話をよく聞いて気持ちを受け止めます。**

（3）　こうなった

「先生からの電話で，ホッとしたみたいです。」

初日に欠席した子どもの保護者から言われた言葉です。初日に休んでしまって，「どうしよう。大丈夫かな。」と心配していたようです。電話越しでも，一言声をかけることで，子どもの心配が減ったようです。

まとめ

> 夏休み明けは，約束も関係づくりも，丁寧に確認していく。

3 期間限定プロジェクト

（1） こう考える

　子ども達が行事に主体的に参加できるように，強みを生かしたプロジェクト活動を提案する。
　　【つながる力を引き出す道筋④：課題解決で共有体験する場を設ける】

　学校行事をさらに盛り上げるという視点で，期間限定のプロジェクト活動を提案します。それは，子ども達の行事への関与の度合いを高めるためです。そして，協同して課題を解決しながら行事を終えることができれば，より豊かな共有体験が生まれます。

（2） やってみる

　ある年は，運動会に向けたプロジェクト活動を行いました。テーマは，「一人ひとりが運動会を盛り上げる」です。
　学校全体のスローガンに向けて，自分たちができることを出し合い，プロジェクトの所属を決めました。無理なく参加できるように，一人ひとりの強みや得意なことを生かせるように伝えました。
　プロジェクト活動として行われたものには，次のようなものがあります。活動する時間は，休み時間が中心で，あまりありません。その中で工夫して取り組んでいました。

・朝の会でスローガンの練習をする時に，大きな声でできたらポスターにスタンプを押す。
・リレーの練習をみんなに呼びかける。
・綱引きのポイントを新聞に書いて掲示する。

・飾りつけをして，気持ちを盛り上げる。
・応援歌を大きな声で歌えたらカードにスタンプを押す。
・演技のめあてを紙に書いて掲示する。
・運動会が終わった後，打ち上げ（お疲れ様会）をする。

　教師の在り方で意識したことは，どの子どもも「行事に参加している」という感覚をもてるようにすることです。そのために，まず運動会の種目練習でがんばっている姿を認めます。そして，プロジェクト活動でがんばっている姿も認めます。

　私は，特に，運動が苦手な子どもを意識して認めるようにしました。運動が苦手な子どもにとっては，運動会は嫌いな行事かもしれません。嫌いな行事だと，あまり主体的に参加することはできないでしょう。しかし，運動以外の部分で運動会にかかわることができたなら，前向きな気持ちが出てくるかもしれません。

　もし，折り紙や絵を描くことが得意なら，教室の飾りを作って，雰囲気を盛り上げることができます。飾りを通して，主体的に運動会に関与できるのです。

　また，休み時間に自主練習を企画している場合は，よく見守りました。特に，自主練習が同調圧力になって，雰囲気が悪くならないように見守りました。最初からうまくいくことはあまりないので，試行錯誤する機会があることが大切です。

　そして運動会前日，私は，これまでの練習や活動を改めて価値づけて，努力や前向きな気持ちを強化します。そのために，次のような学級通信を配付しました。（一部省略しています。）

いよいよ明日は運動会です。今日まで，練習をよくがんばりましたね。明日は，ぜひ，みなさんの"本気"の姿を見せてください。

　ダンスは，たくさん練習しましたね。一つ一つの動きがかっこいいね。ぜひ，大きく，堂々と，楽しみながら表現してください。すると，会場にいる人たちもきっと笑顔になります。

　リレーもたくさん練習しました。水曜日の練習で，一人一人のタイムの合計より，チームのタイムの方が速くなったことに驚きました。これは，すごいことです。みんながバトン練習をがんばって，心を一つにしたからだと思います。

　応援合戦は，みんなの"本気"が現れます。教室で練習していたゴーゴーゴーや応援歌は，見事でした。明日もみんなの気合いを，歌声を校庭に響かせてください。

　そして，運動会にむけていろいろな係が活躍してくれましたね。

　「応援団」。ほぼ毎日あった練習を一生懸命がんばっていたね。明日は練習の全てを応援に出してください。みんなの応援が絶対に必要です。

　「スローガン・誓いの言葉係」。朝の会でいつも大きな声を出して，みんなをひっぱってくれました。おかげで，みんなの気持ちが一つにまとまりました。

　「リレー係」。計画を立てることが大変だったと思いますが，途中であきらめずによくがんばってくれました。速くなったのは，みんなのおかげです。

　「ダンス係」。休み時間にお手本となって教えてくれました。助け合ってみんなでうまくなろうとする気持ちが伝わってきて，見ていて嬉しかったです。

　「飾り係」。カウントダウンカレンダーや万国旗，玉入れなど，雰囲気づくりをしてくれました。飾りは，みんなの"本気"の気持ちを盛り上げたと思います。

「振り返り係」。活動はこれからだけど，準備を進めているね。運動会が終わった後の「お疲れ様会」が楽しみです。明日はそれにむけてもがんばれるね。

　みなさん，明日は，「黄金チャーハン」を目指そう！

（3）　こうなった

　ある子どもの運動会の振り返りです。

> 　ぼくは，オレンジチームでした。10分休みには，バトンパスの練習をしました。練習の時は，前のチームとすごくはなれてしまっていたけれど，「ぜったいぬかすぞ。」と思ってがんばりました。
> 　いよいよ本番。ぼくは，本気を出して走りました。そして，前の人との差をちぢめました。結果は，二位でした。びっくりして，みんなで喜び合いました。なぜなら，今までの練習では，最高でも三位だったからです。たくさん練習してきたことが，二位につながったのだと思います。

　この子どもは，最高順位が出たことで喜びが増したと思います。しかし，それだけではないと考えます。休み時間に自主練習をしたり，運動会に向けてみんなで盛り上げようという雰囲気があったりしたことが，大きな喜びにつながったのではないでしょうか。

まとめ

**　得意な子も苦手な子も主体的に関与できる場をつくる。**

春休み　4月　5〜7月　夏休み　9〜12月　冬休み　1〜3月

4 仲間の喜びをつくる

（1） こう考える

　子ども達が主体的に仲間とつながるために，仲間の喜びを実現する経験が
できるように調整する。
　　【つながる力を引き出す道筋⑤：問題解決で共有体験する場を見守る】

　学校行事は，まず自分が楽しむことが大切です。すると，みんなで楽しん
だ方がもっと楽しいと思えるようになるからです。しかし残念ながら，学校
行事で悲しい思いをしてしまう子もいます。実はそんな時，子ども達がつな
がるチャンスにもなると思います。他者意識をもった問題解決ができるよう
になると，つながる力が引き出されます。

（2）-1　やってみる〈"もう一つ"の運動会〉

　運動会当日，体調不良で欠席した子どもがいました。振替休業日明け，体
調が回復して登校してきましたが，表情がくらいです。
　そこで，仲の良い子がたずねてみると，運動会に参加できなかったことが
残念だったというのです。その話を私のところへ伝えに来たので，私は
「みんなで，助けてあげられることがあるといいね。」
と返しました。
　すると，しばらくして「もう一度運動会をやろう！」という意見が出まし
た。自分たちの手作り運動会です。欠席した本人に提案したところ，「ぜひ
やりたい」とのことだったので，クラス会議に提案されました。そして，実
施することになりました。
　話し合いで種目は，開会式，応援合戦，ダンス，リレーなどになりました。

そして，各実行委員をつくることになりました。また，クラス会議の中で，欠席していた子には１年生の弟がいて，兄弟で運動会を休んでいたことが分かりました。そこで，弟のいる１年生のクラスも誘って一緒にやったらいいのではないかという意見が出ました。そこで，１年生のクラスに打診したところ，２クラスで一緒に運動会をやることになりました。

　４年生は，１年生もいるということでやる気がさらにあがりました。そして，上級生として運動会の運営準備をがんばりました。

　手作り運動会の当日。２クラスの入場行進，開会式から運動会が始まりました。招待に快く応じてくださった校長先生は，

「みんな上手だね。来年，６年生として仕事しても大丈夫だね。」

と，子ども達をねぎらってくださいました。

　運動会を欠席した子も，一緒に参加した１年生もとても喜んでいました。また，欠席した子の保護者の方も当日見に来て，喜んでくださいました。

(3)-1　こうなった

　以下にあるのは，運動会当日に欠席した子どもの振り返りです。

　ミニ運動会は，みんなでやることを決めました。なぜかというと，ぼくが運動会の時に，休んでしまったからです。ぼくはミニ運動会をやることになってうれしかったです。

　ぼくは，じゅんび運動の係でした。だから友だちといっしょにじゅんび運動の練習をしました。

（中略）

　リレーは，全力で走ることとおいぬくところが大へんでした。でもチームの友だちといっしょに走れてよかったです。

　みんなときょう力してミニ運動会ができてうれしかったです。

次に示すのは，ミニ運動会を中心となって進めた子どもの振り返りです。

10月半ば。ぼくたちはミニ運動会プロジェクトを始めた。きっかけは，運動会を休んだ友だちのためにもう一度行うことだった。その後，1年1組をさそうことにした。なぜなら友だちの弟がいたからだ。そして，ついに本番だ。

（中略）

休んでいた友だちはよろこんで，ぼくの心がホッとした。全員が楽しくやっていたので，「大せいこうだ。」と思った。その日のことをホットタイムズ（係の新聞）に書いた。

来年，もし運動会を休んだ友達がいたら，ぼくはこのミニ運動会をまたていあんしたいと思った。

ミニ運動会を企画してもらった子どもも，企画した子どもも幸せな気持ちになれたことが分かります。中心となって企画してくれた子どもは，他者意識を最後まで忘れずに，準備をリードしてくれました。

また，注目したいのは，最終的には一人ひとりの"自分事の"イベントになっていたということです。最初のきっかけは欠席した子どもがいたことでした。しかし，その子もお客さんになるのではなく，係として参加しています。そして，中心となった子どもの振り返りの中にも，「全員が楽しくやっていたので『大せいこう』」と書かれています。

つまり，「仲間の喜びをつくることが自分の喜びもつくることになる」ということを実感し，全員にとって価値あるイベントになったのです。

実は，さらにエピソードが続きます。

後日，運動会に参加した1年生からサプライズがありました。お礼を言いに来てくれて，手紙も持ってきてくれたのです。

手紙には，

> 「運動会の準備をがんばってくれてありがとう。」
> 「運動会とてもたのしかったよ。」
> 「私もお兄さんやお姉さんみたいな４年生になりたいです。」

などが書かれていました。１年生が帰った後，子どもたちに話を聞くと，

> 「とてもうれしかった。」
> 「１年生が喜んでくれてよかった。」

と，笑顔で言っていました。「仲間の喜び」という範囲が，クラス内だけでなく，他学年にも広がったイベントになりました。

(2)-2　やってみる〈“ミニ”マラソン大会〉

マラソン大会の本番で転んでしまって，思うような順位でゴールできない子どもがいました。休みの日も自主的に練習してきた子でした。ゴールした

★ 春休み
４月
5〜7月
夏休み
9〜12月
冬休み
1〜3月

後，悔しさから泣いていました。周りの子達も何人も声をかけていましたが，教室に戻った後も泣いていました。

　それだけ本気で臨んでいたのでしょう。とてもすてきなことだと思います。私は放課後，保護者の方に電話して，家でのフォローをお願いしました。

　翌日，元気に登校してきました。話を聞くと，「5年生では10位以内を目指す」と言っていました。仲間や家の方のフォローがよかったのだと思います。だから，自分なりに昨日の出来事を消化して，前向きな気持ちに切り替えられたのだと思いました。私は，ほっとしました。

　それから1週間ぐらい経ったある日，「もう一度マラソン大会をやろう」という議題がクラス会議に提案されていました。提案者に事情をきくと，やっぱり転んでしまった子がかわいそうだから，自分達でもう一度やろうという話になったようです。そして，クラス会議で提案され，実施されることになりました。

　話し合いでは，「誰が走るか」ということに注目が集まりました。マラソン大会が嫌いな子ども達もたくさんいます。しかし，1人で走るのも雰囲気が出ません。そこで，「走る係」がつくられることになりました。

　一緒に競技に参加にしたい子ども達が走って，雰囲気をつくることにしました。そして，走らない子ども達は，カラーコーンや飾りなどの会場を用意したり，開閉会式を企画したりすることになりました。その後，他クラスの欠席した子どもも参加したいという話がありました。

　ミニマラソン大会当日。カラーコーンには，「スタートがんばってね」や「あと・もう・少し」，「ラストスパート1周」などの応援メッセージが貼られました。走っている最中は，あちこちで励ましの声かけが聞かれました。そして，閉会式では，本番で転んでしまった子どもや欠席した子どもたちが一人ひとりにお礼の手紙を配っていました。感謝の気持ちを伝えるために，自主的に用意していたそうです。

　手紙を配っている子どもも，もらっている子どもも，お互いに嬉しそうにしていました。

(3)-2 こうなった

振り返りの様子です。仲間とつながった喜びが感じられます。

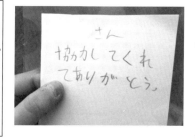

> マラソン大会の本番，途中で転んだ。絶ぼう的な気もちになった。だが走り切った。そして，ミニマラソン大会があった。みんなが協力してくれたり大きな声で応援してくれたりして，うれしかった。

まとめ

他者意識をもった問題解決が，つながる力を引き出す。そして，仲間の喜びが，自分の喜びにもなることを実感するとつながる力が強化される。

学校づくりの主体者

（1） こう考える

　子ども達が学校づくりの主体者となるために，全校を巻き込む経験ができるように調整する。

　　【つながる力を引き出す道筋⑤：問題解決で共有体験する場を見守る】

　学校全体に提案したいことがあれば，無謀かなというアイデアもすぐに否定せずに，アイデアを出したことを認めたり，それを実現する可能性がないかと考えたりすることが大切です。「みんなで解決したい！」という強い共通の目標あれば，子ども達は問題解決に向けてつながります。

（2） やってみる

　2015年，サッカーのFIFA女子ワールドカップカナダ大会が開催されました。その時，なでしこJAPANの監督を務められていたのが，佐々木則夫さんです。佐々木則夫さんが，以前学校で講演していただいたこともあり，子ども達にとっては身近な存在でした。

　そういったこともあって，私は子ども達と一緒に，テレビでなでしこJAPANの試合を見ることがありました。（ボール運動単元の座学として，道徳教材としても活用させていただきました。）子ども達は本気でたたかっている選手やのりさん（佐々木監督の呼び名）の様子を食い入るように見ていました。

　そんな時，ある児童が「また，のりさんに会いたいな。」と言いました。それを聞いて，私が「会えたら何がしたい？」と聞くと，「去年のお話のお礼を言いたい。」と言いました。その後，私は全体に

「のりさんのために，何かできることがあるといいね。」

と話しました。すると，「応援メッセージを送りたい！」「感動する試合を見せてくれてありがとうと伝えたい！」という声があがりました。

　そこで，クラス会議で「のりさんに感謝の気持ちを伝えるためにはどうしたらいいか。」ということが話し合われました。そして，「会うのは難しいけど，手紙を書いてのりさんに送れば気持ちを伝えられるのではないか。」と意見が出され，手紙をつくることになりました。

　その後，「1クラスでやるよりも，全クラスでやった方が感謝の気持ちをたくさん伝えられるのではないか。」という話が，子ども達から出てきました。そこで，私は全校に提案する方法を子ども達に教えました。

　私の勤務校には，代表委員会という各学級の代表者が集まって話し合う場があります。普段は年度当初に予定されている学校行事の運営準備を主に行っていました。しかし，代表委員会は各クラスや委員会などから提案された議題を話し合う場でもあります。

　私が子ども達に説明すると，「ぜひ提案したい！」ということだったので，なでしこJAPANプロジェクトがつくられ，代表委員会への提案文章づくりがはじまりました。

　そこで，子ども達には内緒で，私は，代表委員会担当の先生や学年主任の先生方，管理職などに事前に協力のお願いをしてまわりました。先生方は，みなさん快く応じてくださり，本当にありがたいかぎりでした。全校を巻き込んで子ども達の問題解決を進めるためには，水面下において職員室の調整をしておくことが，ポイントです。

　さて，その後，私のクラスの提案を受けて，臨時代表委員会が開かれることになりました。そして，正式に学校全体で取り組

もうということになったのです。下学年の提案を上学年が受け入れて協力し
てくれたという経験は，4年生の子ども達にとって大きな財産となりました。

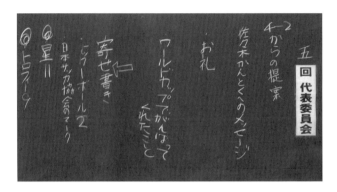

　その後，代表委員会と私のクラスの子ども達が中心となって，各クラス1
枚のメッセージボードづくりが始まりました。教職員のメッセージボードも
作りました。メッセージボードがほぼ完成し，送付先を考えていた頃です。
子どもたちの思いが通じたのでしょうか。のりさんが埼玉に凱旋するという
情報が入り，管理職や周りの先生方のお力添えをいただき，特別に学校代表
としてクラス全員で直接渡しに行けることになりました。渡している様子は，
NHK ニュースで放映されました。

（3） こうなった

　手紙を渡した後の子ども達の感想です。

・のりさんがよろこんでくれて，私もうれしかったです。
・のりさんの笑顔が見られて成功だと思いました。やってよかった。
・クラスのアイデアが学校のアイデアになってすごいと思いました。
・４年生でも学校を動かすことができるんだと思いました。

　子ども達と振り返りをする中で，この取り組みができたのは他のクラスや先生方が協力してくれたおかげだという話になりました。そこで，自分達の思いに共感してくれて，一緒に取り組んでくれた全校の仲間に，感謝の気持ちを直接伝えたいということになりました。そして全校朝会で行われました。

　他者に強制されるのではなく，「感謝の気持ちを伝えたい」という思いで，クラスの子ども達が動きました。そして，その思いを多くの人が受け止めて，共感してくれたことで，全校の子ども達はつながって活動しました。子ども達は，共通する思いが学校中の人をつなげるということを実感したようです。

> **まとめ**
>
> 　共通する他者意識が，全校の共有体験を生み出し，つながりを引き出す。

トラブルを乗り切る

（1） こう考える

　子ども達が生活づくりの主体者となるために，トラブル解決の方法を教えて最後まで見守る。

　　　【つながる力を引き出す道筋④：課題解決で共有体験する場を設ける】
　　　【つながる力を引き出す道筋⑤：問題解決で共有体験する場を見守る】

　「魔の11月」という言葉があります。丁寧に「つながり」をつくってきたつもりでも，11月近くになると人間関係のトラブルが起こりやすいと感じます。私は，「いじめは大人の見えないところで起きる。」という現実を受け止める必要があると考えます。だからこそ，子ども達が「自分達の問題は，自分達で解決できるんだ」と思い，トラブルを乗り越えられる力をつけていくことが大切だと考えます。

（2） やってみる

な：何があったのかを知る
か：解決方法を考える
よ：よくなかったことをあやまる
し：しようと決めたことをやってみる

　私は，「なかよし」の頭文字をとって問題が起こった時の解決手順を教えています。「な」では，誰が，いつ，どこで，どのように，何をしたのか，それは何のためだったのかなど，状況をできるだけ明確にするようにします。「か」では，なるべく多くの解決方法を考えるようにします。「よ」では，悪かった言動を自分自身で受け入れられるようにします。受け入れられたら謝

ることが礼儀だと伝えます。「し」では，これから気をつけることを決めて，行動に移すことを応援します。

　しかし，トラブルが起こっている最中に，当事者同士でこれを行うのは難しいでしょう。そこで重要となるのが，第三者の存在です。

　私は，第三者のその役割は，「トラブルの当事者のメタ認知を促すこと」だと考えます。メタ認知とは，自分自身を客観視することです。一般的に中学年くらいからその力が発達すると言われます。最初はこの役割を教師が担いますが，徐々に子ども達の中にできる子を増やしていきます。

　教師の在り方として意識しているのは，第三者の役割を担っている子を見逃さずに認めることです。

（3）　こうなった

> 「2人がけんかしたみたいで，話を聞いています。少し時間ください。」

　休み時間後，教室の後方で3人の子どもが丸くなっていました。「何をしているの？」と聞くと，その中の1人が，上記の言葉を言ったのです。

　5分後，3人は席に戻っていきました。話を聞くと，1人の子が間に入って話を聞いてくれたことで，落ち着いて話をして，解決できたようでした。

まとめ

　解決手順を教えて，それを見守る。そして，解決の手助けをする「第三者」になった子どもを大いに認める。

春休み
4月
5～7月
夏休み
9～12月
冬休み
1～3月

7 自分で学習する習慣を育む

(1) こう考える

難しい学習にも前向きに取り組めるように，自分で学習する機会をつくる。
【つながる力を引き出す道筋①：信頼される教師になる】

4年生では，学習が難しくなったと感じる子どもが増えます。抽象的な内容や論理的思考が求められる問題が増えてくるからです。授業が分からなくなると，やる気をなくしたり自信を失ったりしてしまいます。そこで大切なのは，「自分で学習する習慣」を身に付けることです。前年度までの学習習慣の定着によりますが，1学期は教師が課題をこまめに出して，2学期から少しずつ自主学習の割合を増やしていく方法が考えられます。教師が量や時期を調整することで，子ども達の学習への不安を取りのぞくことができます。

(2) やってみる

自主学習とは，自分で課題を立てて取り組む学習のことです。与えられた宿題だけでなく，自主学習に取り組める力をつけることで，苦手な学習にも前向きに取り組めるようになると考えます。

その手がかりにするのが，「内発的動機付け」の考え方です。櫻井（1997）の理論をもとにすると，「自己決定感，有能感，他者受容感」をもつことが，やる気を引き出すことになります。そこで，この要素を家庭学習に取り入れて，学習に対して前向きな姿勢を引き出せるようにします。

以下に記したのは，家庭学習の進め方の例です。

・4年生の家庭学習の目安時間は，30分〜50分程度とする。（自）

- 定期的な宿題（漢字や算数など）は，学習内容と提出期限を示す。
- 課題以外の時間は，自主学習の時間とする。（自）
- 自主学習は，「自分の苦手な内容を課題とする」と「自分の興味がある内容を課題とする」の二通りある。
- 自主学習の課題は先生と相談して決めてもよいし，課題例から選択してもよい。自分で新しく考えてもよい。（自）
- 家庭学習の記録をつけるカードを用意して，宿題に取り組んだ時間，自主学習に取り組んだ時間，内容について1行で記入する。（有）
- 課題や取り組み例などを本人の許可を得てクラスで共有する。（他）

＊櫻井の理論の要素　（自）自己決定感，（有）有能感，（他）他者受容感

　課題を自己決定できる機会をつくり，少しでもできたことを教師が認め，互いの自主学習を高め合うために肯定的に交流する機会をもつことで，学習に対するやる気を引き出し，不安を取りのぞいていきます。

（3）　こうなった

　自分の興味があることは時間を忘れて取り組みます。長期的に見ると，「机に向かって勉強することが多くなった。」と，保護者から話を聞くことが多いです。最初のうちは，繰り返し励ますことが大切です。

まとめ

　子どもの自分で学習する習慣や意欲を育み，学習への不安を取りのぞく。

【引用文献】
・櫻井茂男『学習意欲の心理学　自ら学ぶ子どもを育てる』誠信書房，1997年

春休み
4月
5〜7月
夏休み
9〜12月
冬休み
1〜3月

集会活動をパワーアップする

（1）　こう考える

　　子ども達の問題解決する意欲を刺激するために，工夫した集会活動を促す。
　　【つながる力を引き出す道筋⑤：問題解決で共有体験する場を見守る】

　楽しさを共有することで，子ども達の関係性を深めたり，目標に向かって
助け合ったりする雰囲気をつくっています。2学期になって集会活動の準備
や運営に慣れてきたら，工夫を促して子ども達を刺激すると，より生き生き
と問題解決します。

（2）-1　やってみる〈忘年会と新年会〉

　忘年会と新年会を一緒に企画したことがあります。たった2週間くらいし
か間が空いていないのに，大人が理由をつけて飲み会をやるのと同じです。
　新年会（3学期開始直後の集会）の企画も冬休み前にたてておくと，3学
期が始まってすぐに行うことができます。長期休業明けは，重い気持ちで過
ごす子ども達もいます。しかし，楽しみなことが待っていると，その気持ち
も少し和らぐのではないでしょうか。

（3）-1　こうなった

　ある年，「一旦解散パーティー」「全員集合パーティー」を行いました。2
学期末は，冬休み中にみんなが離れるので一旦解散という名前になりました。
クラスは一旦解散をするのですが，始業式には全員集合をするので3学期の
は全員集合という名前になりました。このパーティーの名前は，クラス会議
で決めました。集会名によって，気持ちのもち方は大きく変わると考えます。

(2)-2　やってみる〈学年集会〉

　学校行事では，学年全体で活動することが多くなります。そのため，「他のクラスのみんなにも感謝の気持ちを伝えたい，そして楽しい思い出をつくって，3学期もがんばろうという気持ちをもちたい」という理由から，他のクラスを招いて集会を行う"プロジェクト"を行いました。

(3)-2　こうなった

　子ども達は，招待状を送ったり，クラッカーやくす玉，手のアーチなどで迎えたり，大きなプログラムや大量の輪飾りなどで会場を飾ったりしました。
　他クラスを招くので，言葉を工夫したり，ゲームのチームやルールを工夫したりしていました。本番は，とても温かい雰囲気で集会ができました。
　他クラスが帰った後，振り返りをしました。
　「喜んでくれてよかった。」「自分達も楽しかった。」
という感想が多く聞かれました。
　その後，他のクラスが，別の集会を企画してくれて招待してくれました。お互いのクラスが招待し合うことで，イベントが継続されました。

> **まとめ**
>
> 　子ども達に新たな視点を与えて工夫を促すと，子ども達は問題解決を楽しむ。そして，解決のために，主体的に柔軟に他者とつながる。

Column 2　いろいろな人に支えられて

❖ 勇気づけられた言葉

　私はこれまで様々な方々との出会いに恵まれてきました。その思い出をいくつか伝えたいと思います。

> ### 「ピンチはチャンスだよ。」

　初任者の時，ベテランの先生から頂いた言葉です。保護者から訴えがあった時，丁寧に対応することで信頼を得る機会にもなると教えていただきました。万全に準備をしていても，イレギュラーなことは大体起きます。その時に，焦らずに臨機応変に対応することが，成長につながるのです。

> ### 「管理職というのは，"情"の管理が一番大切なんだよ。」

　2校目の時，私はある方に夢を託されました。「仕事を楽しもう」と思えるようになったのは，その先生の在り方が影響しています。その方は，子ども達のことも職員のことも大切にされる方でした。また，どうしたら子ども達や職員のやる気を引き出せるのかを常に考えている方でした。
　上記は，その先生の言葉です。私は，担任も同じだと思いました。そして，その方が退職される時，「私の夢を深井さんに託す」と言っていただきました。その夢は，自分自身の夢にもなっています。志を失わず，行動し続けることの大切さを学びました。

> 「リーダーは孤独かもしれないが，孤立してはいけないよ。」

　研究主任になった頃，私は自分が引っ張っていかなければならないと，強く思っていました。しかし，年数が経つにつれ，自分の気持ちの熱と他の職員の方々の気持ちの熱が乖離しているように感じたのです。

　ボトムアップの校内研修運営を目指していましたが，徐々に内容が複雑になったり形骸化したりしていたのです。

　そんな時，先輩の先生から頂いたのが上記の言葉です。私は，孤立しかけていたかもしれません。そこで，私は同年代の仲間2人にお願いして，副主任になってもらいました。それからはよく3人で話しました。組織を大きく2つに分けた時は，それぞれのリーダーを2人にお願いしました。

　その頃から私も気持ちに余裕をもてるようになり，地に足の着いた研究ができるようになった気がします。上記の言葉は，この教訓として得たものです。私は，研究主任の時に，仲間に頼る大切さを学びました。

　ある方に，「深井さんは"正統的周辺参加"をしてきたんだね。」と言われたことがあります。

　正統的周辺参加とは，最初は難易度の低い仕事を行って能力を身に付け，徐々に中核部をなす仕事を行えるようにしていくという教育理論のことです。

　私は，後輩達がそのように学べる環境をつくっていきたいと考えています。といっても，特別なことではありません。悩みがあればそれをひたすら聞くのです。

　本人の話をよく聞いて，悩みを受け止め，がんばろうとしていることをサポートしていくことが，大切だと思います。新しい視点でアドバイスしたり，様子をフィードバックしたりすることもありますが，受け止めることが最も大切だと思います。職場において，そんな存在になりたいと思っています。

自分を知る，
リフレクション期間

1 ぼーっとする

　冬休みは，夏休みに比べて短いです。基本的には夏休みと同じですが，思い切って休むのもいいかもしれません。私はあえて，ぼーっとする時間をつくります。例えば，可能な範囲でスマホ断ちをしたり，瞑想をしたりします。ぼーっとしている時に，新しいアイデアが思いつくことってありませんか。

　脳では，ぼーっとしている時に，記憶の再構築が行われるそうです。だから，そういう時間が重要です。これは，自分自身とつながる時間です。自分が他者とつながるにしても，子ども達のつながる力を引き出すにしても，まずは自分自身が地に足の着いた状態でないといけないと思います。

2 9か月間の言語化を試みる

　冬休みまで来ると，1年の4分の3が終了しています。私は，これまでの実践を振り返って，言葉にする機会をもつようにしています。例えば，セミナーの発表に申し込んだり，自主的にリフレクションシートを書いて仲間に読んでもらったりしています。

　どうしても，目の前の生活や仕事に追われていると，自分がどこにいて，何に向かって行動しているのか分からなくなることがあります。つまり，自分が誰だか分からなくなってしまうということです。

　そうならないために，自分がやってきたことをできる限り言葉にして，記録しようと思っています。言語化しようとすると，自分の言動の意味をよく

考えます。そして，自分のできていることと，できていないことに気付くことができます。

3　物と心の整理整頓

　片づけながら不用品を処分していると，自分の中のごちゃごちゃしていた部分が消えていくような感覚になります。

　冬休みにやるメリットは，3か月後に荷物の移動があるという点です。職場が変わる場合はもちろん，同じ職場内でも机や教室の移動はあると思います。3月の学年末は事務仕事がとても忙しくなります。この時期に一度整理整頓できると，時間と心にゆとりをもって年度末を迎えることができます。

　この教師のゆとりが，最後に子ども達がつながりを実感できるようなイベントや別れ方をするための準備時間を生み出します。

4　学級じまいの見通しをもつ

　3学期はあっという間です。しかし，大きな行事があったり，クラス分けや要録作成などの事務仕事があったりします。そのため，冬休み中に「終わり方」のイメージをもっておくとよいです。3学期は，これまで深めてきた子ども達同士のつながりを最大限に生かせるようにしたいです。その視点をもって年間指導計画や行事計画を俯瞰するとよいです。国語の発表をグループで取り組むとか，体育のチームを子ども達が話し合って編成するとか，深めてきたつながりを実感できる場面をいくつか計画しておくとよいでしょう。

> **まとめ**
>
> 　大切にしている価値観を言語化し，学級の終わり方をイメージする。

成長を実感し，今後の「つながる」意欲を引き出す

1　1月〜3月の「つながる」戦略

　12月までに取り組んできた課題解決や問題解決の経験が，自分達の成長につながっていると実感する時期です。その実感が，この先の「つながる」意欲へと続いていきます。最後の3か月間は，5年生のことを意識しながら，今できることを考えて，過ごせるようにしていきます。

2　高学年への意識

（1）　こう考える

　　子ども達が問題発見できるように，高学年の雰囲気を体験する。
　　　【つながる力を引き出す道筋⑤：問題解決で共有体験する場を見守る】

　3か月後に次学年へ進級することを意識して，高学年の授業の様子や行事の様子を見に行かせてもらいます。少し先の自分達の姿を見ることで，今の自分がやるべきことを考えられるようにします。

（2）　やってみる

　高学年の先生と打ち合わせをして，学習している様子を見学に行きます。特に，高学年から始まる家庭科を見させてもらうと，子ども達の興味が高まります。

また，お別れ球技会や卒業式などの学校行事についても機会があれば，様子を見学させてもらいます。そうすることで，高学年の雰囲気や学校のリーダーになるという意識をもてるようにしていきます。

　見学後，高学年の見習いたいことや高学年でやってみたいことなどを書いて，共有します。そして，そのために自分達が今できることやがんばりたいことを考えて課題設定します。個人の課題に関しては，一定期間取り組んだ後に状況を振り返って互いにアドバイスをします。集団の課題に関しては，クラス会議で話し合って取り組みます。

（3）　こうなった

　たてわり活動の6年生の様子を振り返って，4年生が記した文章です。

　6年生は，何をすればいいのか分からなそうにしている1年生に，仕事を教えてあげていました。ぼくは，それを見て，
「ぼくも6年生の手伝いをしよう。」
と思いました。そして，自分のクイズを早く作って，6年生の手伝いを一生けんめいがんばりました。1年生に仕事を教えたら，やってくれました。
　ぼくは，これから高学年になります。6年生を見習い，すばやく動ける5年生になり，下学年の見本になりたいです。

　これは個人の問題解決ですが，この問題をクラス全体で共有して，みんなで「下学年のお手本になろう」という問題解決につなげていきます。

まとめ

　高学年の姿をイメージし，現在と比較して問題発見できるようにする。

③ 学年会議

（1） こう考える

　子ども達が生活づくりの主体者だと実感するために，６年生を送る会の企画を委ねる。

　【つながる力を引き出す道筋⑤：問題解決で共有体験する場を見守る】

　「６年生を送る会」という学校行事では，各学年から歌やメッセージなどのプレゼントが贈られることが多いのではないでしょうか。プレゼントを準備するにあたって，大切なのは「他者意識」と「当事者意識」です。この２つの意識があれば，よりよい解決のために，自分から進んで仲間とつながります。そこで，プレゼントの内容を子ども達が決められるようにします。

（2） やってみる

　学年で１つのプレゼントを贈るため，学年全体の子ども達で内容を決める必要があります。そこで，「学年会議」を開くことにしました。

　ある年は，２クラス，約80人の会議でした。２クラスとも学級活動で，クラス会議を行っていたので，同じ流れで話し合いを進めることができました。また，話し合いで大切にしたい価値も共有できていたので，人数が増えても滞ることなく終えることができました。

　この時は，解決策を集める期間を設けて，事前に出された意見を会議に提案することにしました。そして，出された解決策に対して，小グループで比較検討する時間を設け，全体で賛成や心配などの話し合いを行いました。

　学年全体だとかなり人数が増えますが，日頃から各学級でクラス会議などの話し合いを通して問題解決する経験を積んでいれば，協働するスキルや価値が身に付いているので，子ども達で話し合うことができます。実際に，小

グループで話し合う時は，どの班も円になって話し合い，身を乗り出して顔と顔を近づけて話し合っていました。

　各解決策に賛成や心配意見が出ました。そして，最終的には６年生が４年生の時の音楽会で歌った曲を歌うことになりました。なぜなら，「６年生に４年生の時のことを思い出してもらいたい，小学校のことを忘れないでいてほしい」という意見が，多くの仲間の共感を得たからです。

　その後，実行委員と練習計画を決めました。実行委員は，音楽の先生へ歌の指導依頼に行き，曲のＣＤを手に入れました。他者意識をもって自分達で決めた活動なので意欲は高く，計画よりも少ない時間で発表ができました。

（３）　こうなった

　学年会議後の児童の振り返りです。

Ｃ１：学年全員で集まったけど，時間内に決まって良かったです。
Ｃ２：また，全員で話し合いをしてみたいです。
Ｃ３：決まった時に何かが体の中からこみあげてくるような感覚がしました。

　特に，Ｃ３の子どもは，多くの仲間とつながって問題解決できた有能感や楽しさを感じたようです。この感想を聞いた周りの子ども達も，「おぉ〜」と，笑顔で同意していました。

まとめ

　　学年内で話し合いスキルや協働の価値が共有できていると，学年全員で問題解決の共有体験をして，つながる力を引き出すことができる。

春休み
4月
5〜7月
夏休み
9〜12月
冬休み
1〜3月

学習発表会

（1） こう考える

　子ども達が１年間の成長を実感するために，保護者を招いた学習発表会を企画する。

　　【つながる力を引き出す道筋⑤：問題解決で共有体験する場を見守る】

　１年間で，自分がどれくらい成長したかを実感できるようにします。その際に，成長過程において，他者とつながりがあったことを実感できるようにします。学習発表会という場を設定することで，１年間の伸びを可視化し，お互いの成長を認め合うことができます。仲間とのつながりによって，自分がより成長できたと思えれば，今後も「仲間とつながりたい」と思えるようになると考えます。

（2） やってみる

　ある年の学習発表会の流れは次の通りでした。

・一人ひとりが自分の成長を発表する。
・全員で詩を群読する。
・全員で合唱をする。
・振り返りをする。

　最初に一人ひとりのスピーチを行いました。日直当番のねらいで，「１人で司会をしたり，全体の前で話したりする力をつける」というものがあったからです。この場で，その力を発揮します。
　また，成長したことを自分で言語化できない場合は，仲間の力を借ります。

仲間から，成長した点やがんばった点などを伝えてもらって，自分の成長を可視化していきました。その準備を進める際に考えてもらった視点は，「どのようにしたら，自分が成長できたのか。」ということです。

　はじめは，次のようなことがたくさん出てくると思います。

C：自主学習で漢字ドリルに毎日取り組んだ。
C：新聞係でアンケートをとって内容を工夫した。

　そうしたら，「途中でくじけそうになった時，やり続けられたのはどうしてですか。」と聞きます。
　そして，仲間とつながりも成功へのエネルギーになっていたということにも気付けるようにします。

C：Bさんが応援してくれたから，最後までできた。
C：周りのみんなもがんばっていたから，自分もあきらめないでできた。

　上記のような振り返りが出てきたら，「Aさんは，仲間と助け合うことができたんだね。」と言って，フィードバックし，仲間とつながった価値を強化します。先ほどの投げかけで，

C：テストで絶対に100点を取りたかったから。
C：100点取ったらゲームを買ってもらえるから。

のように，仲間とのつながりでない理由が出てくることもあります。その場合は，がんばったことを認めつつ，「Aさんが目標達成できた時，クラスの仲間はどうだった？」と聞くことで，仲間への視点をもたせます。すると，

C：拍手をして喜んでくれた。

春休み
4月
5〜7月
夏休み
9〜12月
冬休み
1〜3月

Ｃ：おめでとうと言ってくれた。

と，自分の喜びを分かち合う仲間の言動が出てくるのではないでしょうか。
　そこで，例えば，「クラスの仲間が一緒に喜んでくれた時，Ａさんはどうだった？」とさらに投げかければ，

Ｃ：みんなが喜んでくれて嬉しかった。

のように，仲間がいることで自分の喜びが増幅したことに気付くのではないでしょうか。
　私が教師の在り方で意識したのは，このように，仲間とつながったことの価値を強化することでした。

（3）　こうなった

　次に示すのは，ある４年生の３学期の作文です。

　わたしが４年生になってがんばったことは硬筆です。
　わたしの今年のクラスは，字の上手な人がいっぱいいたので，わたしは，「今年は，選手に選ばれるかな。」と不安でいっぱいでした。課外活動にも積極的に出て，家でも指が痛くなるほど練習しました。そのおかげで，友達が，
　「（名前），字が上手だね。」
と言ってくれました。その時，わたしは，とてもうれしい気持ちになりました。また，もっともっと練習して，がんばろうと思いました。
　（中略）そして，わたしは選手に選ばれました。

　わたしは，うれしい気持ちでいっぱいになりました。
　わたしは，このことで，友達から自信をもらって，そして，友達の大切

さを学びました。だから，5年生になったら，わたしは，友達のいい所を
たくさんほめて，友達に自信をあげて，恩返ししたいと思います。

　この子は，学習発表会でも同様のことを発表し，仲間とつながった価値を
クラスの全員に伝えていました。発表を聞いていた子ども達も嬉しそうにし
ていました。

まとめ

　人との「つながり」の中で，自分の成長が起きていることに気付く。
それが，今後のつながる意欲を引き出す。

春休み

4　月

5～7月

夏休み

9～12月

冬休み

1～3月

5 **引き継ぎ準備**

（1） こう考える

　次年度の教師が一人ひとりの子どもに声をかけられるために，情報を整理して資料を作る。

【つながる力を引き出す道筋①：信頼される教師になる】

　年度当初，私が前担任から子ども達の情報を聞いたように，次年度当初に次の担任へ子ども達の情報を引き継げる準備をします。

　引き継ぎをしっかりすることで，子ども達が次の担任のもとでも安心して過ごせるようにします。

（2） やってみる

・学習面で得意なこと，苦手なことをまとめます。
・仲間とのかかわりで良かったこと，苦手なことをまとめます。
・その子が興味のあるものや好きなものをまとめます。

　私は，まず上記のことを書くようにしています。その上で苦手なことに対して，どんなフォローをしたのかも付け加えて書けるようにしておきます。

　これまでの学級通信や写真などを見返しながら行うと，より具体的に書くことができます。

　引き継ぐ形式としては，指導要録があります。しかし，細かい内容や要録であらわしにくい内容については，追加の資料を作成します。

	学習面	人間関係	興味・得意
Aさん	算数の計算が得意。だが，文章問題の読解は苦手。問題場面を図で表わす支援がよい。	Bさん，Cさんと仲が良い。それ以外の子には，自分から話しかける様子は見られない。	料理好き。特にお菓子作りに夢中である。下学年のお世話が上手。

（3） こうなった

> 「深井先生，助かりました〜。」

　次年度，他の先生に子ども達を引き継ぎました。そして，ある４月の放課後，新しい担任の先生から，上記のように声をかけられました。

　そのクラスには，あまり自分から話さないもの静かなAさんがいました。昨年度，私は担任だったので，Aさんが家でよく料理をしていることを知っていました。私は，そのことを新しい担任の先生に伝えておきました。

　そこで，新担任は，Aさんに料理のレシピの相談をしたそうです。すると，自主学習でフレンチトーストの作り方を書いてきてくれたと喜んでいました。それをきっかけに，Aさんも新担任と話しやすくなったと聞いています。

　これは，私の情報を生かしてくれた新担任の先生のファインプレーです。それでも上記のように言ってもらえるのは，嬉しいことです。

　何よりAさんが新年度の担任の先生ともつながることができて，嬉しくなりました。

まとめ

　得意なことや興味があることを新担任に引き継ぐことで，子どもにとっての新たな信頼できる他者が早くあらわれるようにする。

次につながる学級じまい

（1） こう考える

　子ども達が互いに感謝する気持ちをあらわせるように，１年間を振り返る機会を設ける。

　　　　【つながる力を引き出す道筋⑤：問題解決で共有体験する場を見守る】

　子ども達が前向きに新生活をスタートできるように，場の整理と気持ちの整理を一緒にする。

　　　　　　　　【つながる力を引き出す道筋①：信頼される教師になる】

　１年間頑張ってきたことを振り返って，お互いにねぎらえるようにします。また，次の一歩を踏み出しやすくするために，この学級でやってきた方法が全てではなく，今後の生活に生かせる考え方を整理します。

　次年度にクラスの約束が変化しても，つながる価値や方法が身に付いていれば，新しい環境で力を発揮することができると考えるからです。

（2） やってみる

　私は，１年間を振り返るためのスライドショーをつくることが多いです。今まで撮りためてきた写真にメッセージを入れて，子ども達が１年間やってきたことを思い出せるようにしています。３月には子ども達がお別れ会を開いていました。４つのグループに分かれて，１年間の思い出を劇にした年もありました。また，１年間の思い出をビンゴやクイズにして振り返った年もありました。

　また，私は一人ひとりにカードをプレゼントしていました。写真やメッセージを入れてラミネートして渡していました。残る形で自分の成長を感じて

ほしかったからです。

　3月の中旬になると，クラスの約束を振り返るようにしています。クラスのオリジナルでやってきた部分もあります。そのため，4月から新しいクラスになった時に，戸惑わないようにするためです。今の約束だけに固執しないように話しています。そこで大切になるのは，考え方です。

　どうしてその約束が生まれたのかということを振り返って，それを次学年でも生かせるようにしていきます。

（3）　こうなった

　ある子どもの学年末の作文です。

　教室にポストがあり，そこに議題を入れて提案します。みんなが真けんに考えてくれるのでなやみが解決すると思うし，その場面がわかるように再現をするので分かりやすく話し合いができます。クラス会議のいい所は，提案したほとんどの人が悩みを解決した所です。

　なやみが解決するとうれしいし，心が安心すると思うので私もなやみができたらすぐに提案したいと思います。5年生になってクラス会議がなかったら，提案してクラス会議を作りたいです。

　仲間とつながる価値を理解していることが分かります。ちなみに，新担任のもとでもクラス会議は継続して行われることになったようです。

まとめ

　つながった経験を大切にして学級をとじる。そして，高学年になった時，子ども達自身で「つながる」価値を見出していけるようにする。

春休み

4月

5〜7月

夏休み

9〜12月

冬休み

1〜3月

あとがき

　読者のみなさん，この本を手に取ってくださり，ありがとうございました。私の実践や考え方が，読者のみなさんの一助となれば，著者としてこれほど嬉しいことはありません。

　原稿を書き終えてみて，私の中にある二つの思いに気付きました。

　一つは，「人間は，人と人との間で生きている」ということです。一昔前みたいに全員が同じ方法で行ったり，強制的につながったりする社会は，息苦しいです。しかし，目的に向かって方法を選択したり，主体性や柔軟性を発揮して心を紡いだりしていくことは，生きていく上で不可欠です。

　もう一つは，「他者意識をもつこと」です。近年，SNS で自分の考えを強い言葉で主張する様子が多く見られます。それは，自分が相手より有利でいたい，自尊心を傷つけられたくない，という思いの表れではないでしょうか。「自分らしく」という言葉が独り歩きし，他者への配慮が欠けてしまった社会は，生きづらいと思います。
　例えば，私は子ども達に，「拍手は"する"ものではなく，拍手は"贈る"ものだ。」と，よく伝えています。
　「する」は自分一人の世界ですが，「贈る」は他者への称賛や労いの気持ちがあらわれ，体の向き，手の位置，手の叩き方などが変わります。日常から，「他者を意識した言動」を習慣づけることが大切です。

　さて，この本は，私の初めての著書となります。最後まで執筆することが

できたのは，これまで大変多くの方に助けていただいたからです。

　赤坂先生は，校内研究でお世話になった時から，いつも温かく見守ってくださり，この執筆においても多くの御指導をしていただきました。
　本シリーズの執筆者の北森先生，岡田先生，松下先生，宇野先生，髙橋先生からは，私の拙い原稿に対して，多くのアドバイスや励ましの言葉をいただきました。私の心の支えとなっています。
　明治図書の及川さん，安田さん，関沼さんには，企画・校正等で表現に磨きをかけていただき，こうして実践を世の中に出すことができました。

　また，この本の実践は，私一人の力で行ったものではありません。
　これまで出会ってきた子ども達，保護者のみなさん，地域のみなさんがいたからこそ，今の私があります。私を本当の意味での"先生"にしてくれました。
　そして，同僚，管理職のみなさんには，私の実践を笑顔で支えていただきました。私の夢や思いを夜遅くまで聞いてもらったり，長時間語り合ったりしたことは，宝物です。
　また，私を一番近くで支えてくれたのは，家族です。私の安心感の源であり，いつも近くにいてくれたから執筆に挑戦することができました。

　これまで出会った全ての皆様に，心より感謝申し上げます。

　この本を書き上げたからには，これから私は，「つながる力」をより大切にして，挑戦し続けようと決意しました。そのために，周りをよく見て，常に自分を見つめ，励んでまいります。
　これからも読者のみなさんや多くの子ども達に，温かな人と人とのつながりができますように。

深井正道

【著者紹介】
赤坂　真二（あかさか　しんじ）
1965年新潟県生まれ。上越教育大学教職大学院教授。学校心理士。ガイダンスカウンセラー・スーパーバイザー。日本学級経営学会（JACM）共同代表理事。19年間の小学校勤務では，アドラー心理学的アプローチの学級経営に取り組み，子どものやる気と自信を高める学級づくりについて実証的な研究を進めてきた。2008年4月から，これから現場に立つ若手教師の育成，主に小中学校現職教師の再教育にかかわりながら，講演や執筆を行う。
［著書］
『個別最適な学び×協働的な学びを実現する学級経営』（明治図書，2022年）
『指導力のある学級担任がやっているたったひとつのこと』（明治図書，2023年）　他多数

深井　正道（ふかい　まさみち）
埼玉県さいたま市公立小学校教諭。教職17年目。これまで研究主任，学年主任，教務主任などを担当し，学級経営を中核としたカリキュラム・マネジメントや教職員のチーム化，地域・家庭と協働した校内研究などに取り組んできた。日本学級経営学会（JACM）会員。

人間関係形成能力を育てる
学級経営365日ガイドブック　4年

2024年3月初版第1刷刊	©著　者	赤　坂　真　二
		深　井　正　道
	発行者	藤　原　光　政
	発行所	明治図書出版株式会社

http://www.meijitosho.co.jp
（企画）及川　誠（校正）関沼幸枝
〒114-0023　東京都北区滝野川7-46-1
振替00160-5-151318　電話03(5907)6703
ご注文窓口　電話03(5907)6668

＊検印省略　　組版所　長野印刷商工株式会社

Printed in Japan　　　　ISBN978-4-18-372429-8
もれなくクーポンがもらえる！読者アンケートはこちらから